创业百问

新手开公司前需了解的事

朱菲菲 ◎ 编著

中国铁道出版社有限公司
CHINA RAILWAY PUBLISHING HOUSE CO., LTD.

内 容 简 介

本书采用理论知识与实施方案相结合的方式，对创业者在创业过程中可能遇到的常见问题进行了详细的整理，并分别进行了详细的分析与解答。

全书共包括 10 章，主要内容涉及新手创业起步阶段、合伙创业的股权设计和分配、新公司注册与成立、公司人事与行政管理、新客户的开发和维护、财务与税务管理、公司的推广与营销、公司缺资金要怎么解决及公司经营过程中会遇到的其他细节问题，最后还介绍了创业风险的防范与必知的法律法规等内容。从很多细枝末节的地方为读者解答创业疑问，帮助读者更好地认识什么是创业，同时明确创业过程中一些最关键的东西。

本书内容实用，讲解科学，通过贴近实际的问题与对应的解决方案，切实地为创业者解决创业问题，帮助创业者更清楚地认识将要面临的困难，特别适合想要创业开公司的大学生、初次或再次创业人员。此外，对于希望提升新成立公司经营管理的私营业主和相关管理人员也有一定的指导作用。

图书在版编目（CIP）数据

创业百问：新手开公司前需了解的事 / 朱菲菲编著 .—北京：中国铁道出版社，2016.8（2022.1 重印）

ISBN 978-7-113-21989-5

Ⅰ.①创... Ⅱ.①朱... Ⅲ.①企业管理-问题解答 Ⅳ.①F270-44

中国版本图书馆 CIP 数据核字（2016）第 146079 号

书　　名：创业百问——新手开公司前需了解的事

作　　者：朱菲菲

责任编辑：张亚慧　　　编辑部电话：（010）51873035　　　邮箱：lampard@vip.163.com

封面设计：MXK DESIGN STUDIO

责任印制：赵星辰

出版发行：中国铁道出版社有限公司（100054，北京市西城区右安门西街 8 号）

印　　刷：佳兴达印刷（天津）有限公司

版　　次：2016 年 8 月第 1 版　　2022 年 1 月第 2 次印刷

开　　本：700mm×1 000mm　1/16　印张：16　字数：203 千

书　　号：ISBN 978-7-113-21989-5

定　　价：45.00 元

FOREWORD
—— 前言 ——

近年来，随着高校毕业生的逐年增加，就业问题始终存在，并且逐渐成为一个难题。为了缓解就业压力，解决就业困难，国家大力扶植自主创业，鼓励大众创业，从而开启了全民创业的新浪潮。

然而，很多创业者在创业过程中出现经营不下去的情况，也有在创业筹备时期发现自己的项目不可行的情况，最终放弃创业念头。经验告诉我们，不是所有人都适合创业，也不是任何一个人都能成功创业。

另外，即使创业者在创业初期被认定为适合创业的人，也不代表其创业就一定会成功。创业是一个艰辛而漫长的过程，这一过程中存在很多变数，风险也是少不了的。因此很多棘手问题也会接踵而至，创业者要做的就是知道该怎么解决这些问题，使创业中的疑问不再是创业路上的绊脚石。

为了帮助更多的新手快速掌握创业知识，我们编写了这本《创业百问——新手开公司前需了解的事》，本书立足于新手，着手于实用，力求在较短时间内快速教会新手了解创业这一事业并懂得创业的细枝末节。

本书主要包括了 10 章，可划分为四大部分，具体包括了以下内容。

- 第一部分为本书的第 1～2 章，这部分主要提出了一些创业准备期会遇到的问题，并根据这些问题做出有用的、实质性的解答和实用的方法，同时让创业者了解创业初期涉及哪些事务，包括合伙企业的合伙人之间的股权设计与分配问题，以及创业团队的建立与维护工作等。这些都能帮助创业者做好创业准备工作。

- 第二部分为本书的第 3～8 章，这部分是本书的重点部分，不仅介绍了公司注册成立时会遇到的问题，还对公司成立后的各方面会遇到的问题进行了详细的分析，包括人事与行政管理工作中会遇到的问题、客户关系建立与维护问题、公司财务与税务涉及的问题、公司营销方面的难题、公司缺资金时面临的困难及解决这些问题的实用方法。

- 第三部分为本书的第 9 章，主要从创业过程的各个方面入手，将人们尤其是创业者容易忽略的问题摆出来，比如，产品的质量管理、公关谈判、无形资产能否注资及公司能向媒体透露什么样的信息等问题。这样可以起到提醒创业者的目的，同时为创业者提供相应的解决办法。

● 第四部分为本书的第 10 章，主要将创业过程中会遇到的方方面面的风险以问题的形式提出来，再以回答的方式为创业者提供相应风险的防范措施。同时，为了让创业者在良好的环境中创业，还介绍了创业过程中会涉及的一些基本的法律问题，让创业者可以充分利用自己身边的资源，使创业之路更加平坦。

本书的优势在于以问题的形式进行分类归纳，将创业遇到的疑问或困难在创业者的脑中加深印象，提醒创业时不容忽视的地方，然后在内容中分别解答这些问题，并且在解答问题的过程中为创业者提供解决相应问题或创业的技巧，帮助创业者更好地经营自己的 事业。

本书精选了 100 个问题来贯穿整个创业过程中会遇到的疑问，让读者在阅读本书时有一个清晰的逻辑关系。将问题作为本书的链条，让读者不会觉得考虑这些问题会很枯燥，反而能从问题式的开篇中找到阅读本书的兴趣。这些问题往往是创业者正面临的难题，将这些问题直接摆在眼前，更能引起创业者的共鸣。

本书定位于新手创办公司的创业者，帮助他们清楚了解什么是创业，创业意味着什么，创业过程中会遇到的种种困难，为他们指引正确的道路，使他们能够带着必需的知识和技能进行创业。另外，本书还可作为希望了解公司有关运作情况的人士学习与参考。

最后，希望所有读者能够从本书中获益，为自己的创业之路增添更好的技术保障。

编　者

2016 年 4 月

Contents
—— 目录 ——

第1章 新手创业，起步是关键

万事开头难，人们在做任何事情时，前期都会面临比后期任何时候都要严峻的考验和困难，创业自然也不例外。对于刚开始创业的新手而言，做好起步工作是创业能否成功的关键点，这是创业新手不能忽视和小瞧的环节。

第2章 合伙创业，股权设计与分配都很重要

很多人想要自己创业当老板，但由于个人的能力和资金有限，所以需要找合作伙伴来共同承担创业的风险，同时分享共同的收益。为了公司的整体利益和个人利益，合伙人需要明白股权设计和分配的重要性，这样在经营时才不会出现纠纷。

第3章 新公司的注册成立

公司的注册登记是企业成立的第一步。政府对申请人进入市场的条件进行审查，通过注册登记确认申请者从事市场经营活动的资格，然后使申请者获得实际营业权。整个实施过程包括注册登记、变更登记和注销登记等。

第4章 公司成立后如何做好人事与行政管理

公司成立后，人事与行政的管理工作关系着公司能否顺利运行，尤其是合伙开公司，更是要明确每个合伙成员的责任和义务。

Contents
目录

第 5 章 新客户的选择、开发与维护

客户是给公司带来收益的群体，公司的发展离不开客户的支持。为公司选择有效客户是业务发展的基础，为公司拓展开发客户是业务扩展的必要需求，维护好公司与客户之间的关系可以对公司的发展起到巩固和保障的作用。

第 6 章 公司的财务管理和税务管理

财务和税务是一个公司在运营过程中必不可少的事务，也是非常重要的工作内容。财务和税务关系着公司运营资金的周转和储备等问题，所以做好公司的财务管理和税务管理，能够帮助公司厘清收益，同时做出更准确的经营决策。

第7章 公司的推广与营销手段

新建立的公司没有什么名声，被客户知道的概率微乎其微，如果不对公司进行推广，那么公司很难有业绩。所以创业者在公司成立并做好人事行政工作后，就要宣传推广公司，进而吸引客户与公司合作。

第8章 新公司经营缺资金怎样解决

新公司成立初期，经营业绩可能不算很好，而经营需要的成本也不是一笔小数目，所以出现资金紧缺的情况很正常。如果没有足够的资金支撑公司的经营，公司很有可能面临倒闭的困境，那么新公司缺资金时要怎样解决呢？

Contents
—— 目录 ——

第9章 公司经营过程中可能遇到的其他问题

公司在经营过程中，还可能遇到其他一些不起眼但很重要的问题，比如产品的开发、产品质量管理、知识产权和公共关系等的处理。

第10章 创业风险的防范与必知的法律法规

创业过程中，风险是一直存在的，如破产风险、劳动合同风险、融资风险及法律风险等。为了给公司的发展创造良好的环境，公司应该了解创业风险和相关的法律法规。

—— 创业百问——新手开公司前需了解的事 ——

第 1 章
新手创业，起步最关键

万事开头难，人们在做任何事情时，前期都会面临比后期任何时候都要严峻的考验和困难，创业自然也不例外。对于刚开始创业的新手而言，做好起步工作是创业能否成功的关键点，这是创业新手不能忽视和小瞧的环节。

No.01
先要判断自己适合创业吗

> "鞋合不合适，只有脚知道"，那么创业合不合适，你知道吗？每个人都有擅长的事情，在创业的路上，有人成功了，也有人失败了。而创业的初衷是为了赚钱，所以，创业者首先要判断自己是否适合创业。

谋定而后动，方可不遭受大的损失和打击。所以，在萌生创业想法并打算将其付诸行动之前，创业者需要先判断自己是否适合创业。那么我们该如何判断自己是否适合创业呢？具体可采用的方式有以下几种。

（1）分析创业目标是否适应市场发展趋势

跟随市场潮流是企业生存之道，创业者的创业项目是否适应市场的发展趋势在一定程度上决定创业者创业行为的成功与否。目前热门的创业项目如下。

● 绿色食品

有人说，21 世纪是一个"绿色"的世纪，随着绿色消费观念日益被广大消费者接受，我国的绿色食品消费快速增长，国际市场有机类农产品的市场份额也在逐步扩大，同时也为我国绿色食品的发展提供了机遇。发展绿色食品，不仅有利于保护环境，促进农业可持续发展，而且有利于增加农民收入，提高企业的经济效益，扩大农产品出口创汇，是一项利国利民的工作。

● 陶艺

爱玩泥是孩子的天性，但在城市里，这些乐趣几乎已经被剥夺了。陶艺店开张后，首先蜂拥而至的是孩子们，他们做陶艺是为了玩，这样的玩法既安全，又能启动孩子们的想象力和提高动手能力，所以很容易获得孩子和父母的欢迎与支持。另外一大顾客群体就是情侣，节假日两个人在陶艺店中亲密地度过几个小时是一件比较浪漫的事情。

● **特色小吃部**

如果你对自己在厨房里的表现很自信，可以在闹市区开办一家有特色的小吃部。只雇用一名服务员，加上房租和置办炊具即可，所需要的流动资金和其他费用较少，投资可以控制在万元以下。不但创业失败的风险和经营成本较小，而且市场对小吃的需求空间也很大。

● **数码车贴店**

装饰车贴是专门为汽车服务的，印有经过数码技术处理的各种图案、标志和文字的贴纸，其基本材料大多是 PVC 胶印膜。它不仅有装饰作用，还可遮阳防水。由于我国越来越多的人购买私家车并且越来越注重私家车的保养，因此这一创业项目有很大的发展空间。而此项目需要的投资也不多，购买电脑、喷墨打印机、数码照相机（扫描仪）、各类胶印膜、耗材及一些流动资金等。

● **美容美体**

《中国美容经济调查报告》显示，美容美体业正成为中国继房地产、汽车、旅游和电子通信之后的第五大消费热点。近年来，美容美体的经济一直以每年 15%以上的速度持续增长。

● **生日礼品专卖店**

生日礼品专卖店大可成旗舰店，小可成迷你店，不大不小则为标准店。目前这类专卖店正处于市场培育期，随着日益提高的生活水平，此创业项目的发展空间也比较大。初期投资 4 万元左右，主要用于店面租金、装修及首批进货。装修应该做到精致温馨，营造出一定的生日氛围。为了减少风险，创业者可先开一家小型店面来"投石问路"，店面至少在 5~10 平方米，刚好够三四个顾客流连。

● 怀旧店

该项目选址要在闹市区，铺面不必很大，20平方米即可。经营的商品不需要强调高价值，而是要显现它的艺术魅力。它的顾客不是真正的收藏家，而是有艺术品位的中低阶层消费者。

经营的商品可以是旧的留声机、收音机、茶杯和怀表等，价格一般锁定在几十元到千元之间。初期投入4万元左右，另备2万元流动资金进货。因目前这类商店不多，竞争不大，所以市场前景比较乐观。

● 男女士内衣店

随着人们对美的看法提升，越来越多的人开始注重自己的身材美，因此，一个紧贴实际的男女士内衣创业项目就应运而生。因为能够从物理上改变人的形体，对人体的伤害隐患较小，所以逐渐受到各种人群的欢迎。

（2）哪些人不适合创业

并不是什么人都适合创业，创业就是要"创"，不懂得创新，或者不懂得与人交往的人不适合创业。因为人们对自己是否适合创业并不能准确判断，所以我们需要了解哪些类型的人不适合创业。

● 特定境遇下不适合创业的人群

找不到工作的毕业生，这些人一毕业就盘算创业的事儿，反正都要走这一步，何不趁着国家政策支持提前创业呢？况且自己现在连个工作都没有。

然而一个从来没有社会经验的人，对社会和市场的了解是相当肤浅的，甚至是零，再加上没有人际关系和财力的积累，创业成功的可能性非常小；工作不如意的人，这群人之所以工作不如意，其中也有自己的原因，自认为年纪不小的人，这群人觉得自己的年龄大了，再不创业，以后的经济负担会很重，所以想着现在还有能力就创业，然而年龄大小与是否该创业没有关系。

- 缺少职业意识的人

职业意识是人们对所从事职业的认同感，它可以最大限度地激发人的活力和创造力，是敬业的前提。而有些工薪人员对从事的工作缺少职业意识，满足于机械地完成自己分内的工作，缺少进取心和主动性，这与激烈竞争的创业环境不相宜。

- 优越感过强、片面而傲慢的人

创业需要团队合作，充分发挥各方的优势，自恃才高、我行我素及难以与集体融合的人是难以成功的。

- 唯上是从，只会说"是"的人

这种人缺乏独立性、主动性、灵活性和创造性，对任何事都只凭经验教条来处理，不能灵活应对，习惯于将惯例当成金科玉律。即使成为老总，也只能因循守旧，难以开展开拓性的工作，对公司发展不利。

- 懒惰的人

对于创业者来说，创业是一项艰苦的工作，大大小小的事集于一身，任何一项工作的失误都有可能造成不可挽回的败局，这就要求创业者不能心存侥幸，任何时候都不能放松、偷懒，且时刻保持谨慎。

- 感情用事的人

感情用事者往往以感情代替原则，想如何干就如何干，不能用理智自控。而创业要求处理任何事情都要保持冷静理智，这对于应对复杂的创业环境也是不合适的。

- 胆小怕事、毫无主见的人

这种人宁可因循守旧也不敢尝试革新，遇事推诿，不肯负责，狭隘自私。

- 患得患失却又容易满足的人

这类人稍有收获就欣喜若狂；稍受挫折就一蹶不振，情绪大起大落，缺乏创业需要的理智。

当然，性格是可以改变的，一个人可以在实践中注意克服性格缺陷，战胜性格弊端，改变性格类型，不断丰富和完善自我，也是可以从不适合创业转变到适合创业的。

No.02
创业者需要具备哪些能力

俗话说，"德不配位，必有灾殃"，这句话用在创业这件事上，同样合适。作为一名有创业打算的准创业者，必须具备创业所需的基本能力，这样才可以让自己的创业之路变得顺畅。

创业需要的资源很多，但最关键的资源还在于创业者自身，即创业者具备的能力素养，这是决定创业是否可行的根本因素，如表1-1所示。

表1-1 决定创业是否可行的根本因素

因素	说明
有胆有识	创业本身是一项冒险活动，创业者要有胆量，敢下注，想赢也敢输，冒险精神是创业家精神的一个重要组成部分，但创业毕竟不是赌博，创业家的冒险不同于冒进
自我反省能力	反省其实是一种学习能力。创业是一个不断摸索的过程，创业者难免在此过程中犯错误，反省正是认识错误和改正错误的前提。对创业者来说，反省过程就是学习过程

续表

因素	说明
吃苦的能力	天将降大任于斯人也，必先苦其心志，劳其筋骨，饿其体肤，空乏其身，行拂乱其所为，所以动心忍性，增益其所不能。这是源于《孟子》（战国）中的一段经典训诫。命运对每个人都很公平，只有那些咬紧牙关，忍受得住心灵和身体双重折磨的人，才能涅槃重生，最终书写出人生的辉煌
组织指挥能力	能够建立有效快速的指挥机制，使各要素与环节准确无误地高效运转
谋略决策能力	能通过各种渠道认真听取与分析各方面意见，并不失时机地做出科学合理的决策
创新创造能力	创业者要有强烈的时代感和责任感，敢于开拓进取，不断创新，并保持思维的活跃，不断吸取新的知识和信息，开发新产品，创造新方法，使自己的事业充满活力和魅力
敏锐的商业嗅觉	即商业敏感性，创业者的敏感是对外界变化的敏感，尤其是对商业机会的快速反应。有些人的商业感觉是天生的，而更多人的商业感觉则依靠后天培养。如果创业者有心做一个商人，就应该像训练猎犬一样训练自己的商业感觉，良好的商业感觉是创业者成功的最好保证
选人用人能力	创业者要能知人善任，善于发现、使用和培养人才，充分调动人才的主观能动性，为公司培养有用的人才
协调沟通能力	创业者善于安置、处理与协调各种人际关系，建立起和谐的内外部环境
社交活动能力	创业者在从事经济活动过程中，需要通过各种社会交往活动扩大企业影响力，提高企业的经济效益，所以创业者要具备一定的社交能力
语言文字能力	语言能力主要指口头表达能力，表现为一个新创企业创业者对演讲、对话、讨论、答辩、谈判及介绍等各方面所具有的技巧与艺术的运用。文字能力主要指书面文字的表达能力，对创业者来讲主要指的是对企业发展规划、战略报告和总结执行等的写作能力。这些也在一定程度上决定公司的形象
较好的心理素质	指创业者的心理条件，包括自我意识、性格、气质和情感等心理构成要素。作为创业者，应该自信和自主，性格要刚强、坚持、果断和开朗，情感应更理性

No.03
什么时候开始创业最合适

古语有云："天时地利人和而百事不废"，创业者除了自身要具备一定的创业能力外，还需要掌握创业时机。不合适的时间段创业，即使项目再好也没有用。那么什么时候创业最合适呢？

创业不要太晚，也不要太早。进入创业市场太晚，没有经验的你很可能被大量的竞争对手甚至已经实现垄断的巨头干掉。而若进入创业市场太早，技术条件和政策条件都还不允许，自身的经营管理能力还不足，那么项目成功的可能性就会很低。

创业时机的合适与否还与自身原有的条件有关，不同的处境下创业的时机也不同，具体情况如表 1-2 所示。

表 1-2　不同的处境下创业时机

创业时机	说明
理智的创业时机	创业时机是在你自己的准备充分、有了一个好的心态、明白做生意是有风险的并能承受这个风险，同时资金也有保证的情况下，选择一个发展前景好的项目开始创业
避免夜长梦多的时机	年轻人通常有充足的时间，但如果越往后推迟，考虑的问题则可能会越来越多，反而会产生很多的负面影响，阻碍创业之路。所以有些时候，现在就是创业的最好时机。但这种时机的利用前提还是要创业者各方面的准备充分，否则创业就成了冒进
学生创业时机	大学时间很长且业余时间多，与其浪费时间在无聊的事情上，有能力和想法的学生不如利用这个空闲时间先创业，就当作"试水"，很可能在自己毕业时就已经是一位经验丰富的创业者了，毕业后就不用为找工作发愁
心如止水创业时机	如果这个世界还会时不时给你惊喜，那么你最好不要创业。因为创业需要创业者异于常人的冷静，如果情绪很容易受外界环境影响而波动，那么对创业来说是不利的。只有当自己变得很理智，不再轻易被外界环境影响的时候，才是创业时机

续表

创业时机	说明
想法契合市场发展趋势	很多时候不必太讲究创业时机，只要自身的创业想法或项目与市场发展趋势相适应，那时便是创业时机。比如，市场对绿色食品的需求日益增长，且创业项目刚好是绿色食品，则时机到

创业时机因人、因事而异，有时还因整个市场环境变化而变化，上述的创业时机也只是给创业者一些提示和参考，具体什么时候开始创业最合适还是要看创业者自身的条件和市场环境的情况。

对于性格比较内向或保守的人，他们就适合理智的创业时机，在一切准备就绪后开始创业是最合适的；性格活跃、人际关系较好的人，在创业想法与市场发展趋势相适应的时候创业最合适，因为同时具备天时地利人和的优越条件；学生在校开始创业最合适，避免毕业后创业时间紧迫，同时还能借助大学的时间积累创业的经验；而有太多顾虑的人，在顾虑全部解决之后开始创业最合适，此时可以全身心投入到创业中。

No.04
当下创业的方向有哪些

很多人在有创业想法时，对创业项目很迷茫，不知道做什么好，做什么赚钱，或者做什么不容易亏本等。那么创业者在确定具体的创业项目之前，可以先确定创业的大概方向。

不同的市场环境下有着不同的适合创业者的创业方向，近期以下创业方向可以给创业者一些提示和参考。

● O2O：Online To Offline 的简称，即在线离线/线上到线下的经营模式，将线下的商务机会与互联网结合，让互联网成为线下

交易的平台。比如饿了么、上门按摩、上门化妆、滴滴打车、e
代驾及美团网等。这种模式可以为创业者带来更大的消费群体，
并且为创业者省去很多线下事务，方便创业者更有条理地经营。

- 互联网金融：是指传统金融机构与互联网企业利用互联网技术
和信息通信技术实现资金融通、支付、投资和信息中介服务的
新型金融业务模式。随着行业规则的不断规范，互联网金融在
未来还将迎来更好的发展前景，比如众筹、P2P 网贷、第三方
支付及电子化银行等。这种创业模式的成本低、效率高、覆盖
面广且发展快，但管理弱、风险大，投资者要谨慎选择。

- 在线教育：不论是 BAT 三巨头（百度、阿里巴巴和腾讯），还
是传统的教育机构诸如新东方和学而思，都纷纷转向了在线教
育市场，但是从目前的在线教育市场份额来看，其占据整个教
育市场的份额还相当少，所以发展空间很大。同时，中国的教
育模式也给在线教育提供了很好的契机，市场对其需求旺盛。

- 智能硬件：当前大多数的智能硬件创业公司都面临着技术和商
业模式的难题。对于智能硬件的创业者们来说，技术优势是树
立其竞争壁垒的最好方式，而在盈利模式上，则应该放弃过去
那种依靠产品赚取高额利润的思路，让智能硬件产品进入一个
硬件免费，同时依靠内容赚钱的时代。正是由于这两个难题的
存在，所以创业者的竞争对手比较少，可以通过自身的努力提
高公司的竞争优势，智能硬件是一个很有发展潜力的创业方向。

- 生物技术和医疗：互联网+的兴起，国内几乎所有的传统行业都
开始浩浩荡荡地向互联网进军，而生物技术和医疗这两方面还
没有完全互联网化，所以发展的空间很大。如今各种疑难杂症
的出现，使得市场对医疗技术的需求越来越大，所以市场也同
样比较广阔。

- 清洁技术：随着空气、水和废弃物等污染问题越来越严重，清
洁技术在未来将会越来越多地被应用，市场对各种吸尘清洁设
备、扫地清洁设备、洗地清洁设备及吸水清洁设备的需求会越

来越多。所以清洁技术也是一个较有发展前景的创业方向。

- **新能源**：随着经济的不断发展，人们生活水平的不断提高，如太阳能、风能和氢能等新能源的应用将会越来越广泛。但新能源方向并不是创业者想做或能做就可以做的，要在新能源这一方向上发展，需要符合国家的相关政策，当然，若自身的条件符合，这一创业方向可谓是一块"肥肉"。

- **高级软文**：内容创业者所拥有的必杀技之一就是优质内容的制作能力，聪明的广告商应买下这一能力，而非渠道。撰写高级软文并不丢人，事实上，大众正在新媒体上爱上这类软文广告。

No.05
什么样的模式适合创业者

> 由于经济市场的多样性，所以公司的发展模式多种多样，但有些模式并不适合创业者，比如，连锁经营和集团企业等。那么什么样的模式才是适合创业者发展需求的呢？

适合创业者的模式要风险较小、发展迅速且易于掌控的，盈利不一定要很高，能保证不亏本即可。当然，能够找到一种盈利大、风险小、发展迅速又易于控制的经营模式最好。

- **网络开店**

网络开店是当下最流行、最火热的创业模式。网络开店主要有网络拍卖和网络店铺两种，这种类型的创业方式除了对计算机和网络运用有基本的认识外，售卖的商品也要具有独特性和吸引力。例如女性衣服、用品及儿童用品在网络上都销售得很好。因此，对时尚具有敏感度的青年女性和家庭主妇都可以选择在网络上开一家自己的店铺。

● 加盟创业

分享品牌金矿、经营诀窍和资源，采取直营、委托加盟和特许加盟等形式连锁加盟，投资金额根据商品种类、店铺要求、加盟方式和技术设备的不同而不同。加盟可以省去创业者很多技术麻烦和开业琐事，能为创业者提供一个比较稳定的发展环境。

● 代理

由于创业者在创业初期，经验不足，所以需要先在实战中试练，最好的方式就是做代理。创业者在做代理期间，可以向上级商家学习如何经营，如何管理自己的生意，学习创业的经验。但代理最大的危险是被厂家卸磨杀驴，所以只能依附，不能依赖，最好能建立自己的品牌，维护自己的渠道。

● 兼职创业

即在工作之余再创业，教师和培训师可选择兼职培训顾问；业务员可兼职代理其他产品的销售工作；设计师可自己开设工作室；编辑和撰稿人可朝媒体和创作方面发展；会计和财务顾问可代理做账理财；翻译可兼职口译和笔译；律师可兼职法律顾问或自己开事务所。

● 团队创业

具有互补性或者有共同兴趣的成员组成团队进行创业。如今，创业已不再是纯粹追求个人英雄主义的行为，团队创业成功的概率要远高于个人独自创业。一个由研发、技术和市场融资等各方面组成优势互补的创业团队，是创业成功的法宝，对高科技创业企业来说更是如此。

● 大赛创业

利用各种商业创业大赛获得资金和平台，如 Yahoo、Netscape 等企业都是从商业竞赛中脱颖而出的，因此大赛创业也被形象地称为创业孵化器。这种模式对创业者来说，可以减轻经济负担，并且快速占有有利的发展平台，还能在短时间内让公司的知名度有较高的提升。

● 内部创业

内部创业指在企业公司的支持下，有创业想法的员工承担公司内部的部分项目或业务，并且和企业共同分享劳动成果的过程。这种创业模式的优势就是创业者无须投资就可获得很广的资源，这种树大好乘凉的优势成为很多创业者的青睐方式。但很多企业并不提倡自己的员工在内部创业，因为这一模式可能会影响企业的客户数量，而单从创业者自身来说，这是一种比较好的创业模式。

● O2O 模式

目前市场上很多 O2O 模式的网站和客户端在迅速发展，比如美团网、饿了么及百度糯米等。创业者可以进驻这些网站，发布店铺或公司的信息及产品，同时可以省去租店面的租金，直接以外卖或快递的形式给顾客发货，减少很多成本，风险也相对较小，非常适合初创业的创业者。

No.06
创业者如何选择适合
自己的行业

创业已逐渐发展成为一种潮流，越来越多怀有梦想的创业者投入其中，每个创业者都渴望有一份适合自己的事业，那么怎样在众多的行业中选择到适合自己的行业呢？

不同性格、不同专长、对各行业的熟悉程度的不同及对风险的承受能力等都会影响创业者对行业的选择，那么不同的创业者要选择什么样的行业呢？具体情况如表 1-3 所示。

表 1-3　不同创业者适合的行业

创业者类型	适合的行业
学生创业	在创业的初期，你需要了解一下自己的性格和专长，你是一个什么样的人？喜欢做什么事情？对什么事比较感兴趣等并且积极地投入其中。学生创业应选择比较容易操作的项目，比如食品、餐饮、服装、广告及律师等行业
家庭主妇	一般适合家庭主妇的创业模式都是网络创业，而网络创业并不适合所有行业。根据实际情况来看，家庭主妇可以选择服装、快递、设计、食品、玩具礼品及住宿等行业
工薪阶层	很多工薪族越来越不满足现有的工资收入，想要通过自行创业获得额外的生活补助。这些人的时间有限，适合的行业也不多，可以选择广告设计、信息管理软件开发设计、培训教育、健身、旅游及包装等行业。这些行业对时间的要求不是很严格，可以由创业者自行掌控
退休人员	退休人员有较多的时间来创业，但因为其精力不再旺盛，所以选择的行业要轻松简单的，如零售业、餐饮业（小店）、服装业、食品业及维修业等
内向的人	内向的人不擅长与人交流，所以适合的行业一般是教育业、培训业、计算机、办公文教业、包装业和住宿业等
外向的人	外向的人适合的行业相对较多，比如销售业、保险业、服装业、餐饮业、服务业、广告业、批发业、旅游业、运输业、住宿业、办公文教业及轻工食品行业等
女性创业者	女性创业者有着细心和耐心等优势，能选择的行业也比较多，如销售业、餐饮业、服务业、旅游业、住宿业、办公文教业、服装业及轻工食品业等
男性创业者	男性创业者要比女性创业者更有毅力，且更能吃苦，可以选择销售业、服装业、餐饮业、服务业、批发业、运输业、保险业、轻工食品业、电子电工业及机械机电业
教师创业	现在很多教师除了教师身份外，还有老板身份，都开始自行创业贴补家用。由于教师这一特殊职业，其空闲时间比较固定且有规律，所以创业时适合的行业一般有保险业、零售业、服装业、批发业、广告设计行业及培训业等
农民工	国内很多农民工都很少有固定期间较长的工作，其另一条出路就是创业。农民工创业适合的行业比较广，但需要其在经营过程中不断学习相关的知识。比如服装业、纺织加工业、餐饮业、批发业、运输业、住宿业、食品业、电子电工业及机械机电业等

上述情况并没有囊括所有类型的创业者，具体情况还要具体分析，创业者选择适合自己的行业可依据下面的一些准则。

- 选择有前景的行业：产品或行业在未来的 10～20 年中将很有前景和市场，能够被广大消费者接受认同。例如电商、微商等。

- 涉足自己熟悉的行业：正所谓"做熟不做生"，创业者本身对这个行业有一定的了解，在创业过程中会比较得心应手；创业者可找对该行业非常熟悉的专家咨询，了解情况；或者以合资合作的方式进入别人的公司。从而避免入错行，造成创业失败。

- 创业资金与行业发展的匹配度：有的行业对于资金量的要求较大，创业者就不要勉强涉足，而有的行业需要创业者投入的资金较少，可以轻松创业。所以创业者需要评估自己的资金情况，最好能进入投资成本不高却又能带来长期高回报利润的行业。

- 有利可图的行业：创业的最终目的是盈利赚钱，那么在创业的初期创业者就需要明确这个行业是否具有较大的利润空间，除了成本投资之外，能够得到的收益大概是多少，能否支持公司长久稳定发展。若有利可图，则该行业可以考虑，反之则果断放弃，抓紧时间寻找更有获益可能的行业。

- 选择可承受风险范围的行业：有的行业其创业风险较大，如金融业等，而有的行业创业风险较小，如零售业等。创业者根据自身的情况选择合适风险范围的行业，不要随便冒进。

No.07
如何寻找与众不同的创业金点子

很多创业者都知道，创业的成功因素之一就是要有独特的创业点子，但问题就是不知道怎么寻找与众不同的金点子。接下来我们就来看看寻找创业金点子的途径和方法。

创业点子是创业的灵魂，如果创业点子不够好，即使公司办起来了，维持的时间也不会很长。那么怎样才能找到独特的创业金点子呢？

（1）寻找金点子的途径

没有寻找金点子的途径就好比想要去某个地方却不知道路在哪里，因此寻找金点子要了解能够找到金点子的途径。

- **从"低科技"中把握机会**：人们把目光投向高科技领域，一些高端科技公司不断问世，竞争激烈，这样的情势下，做低端科技生意反而赚钱快。公司机会并不只属于高科技领域，在运输、金融、保健、饮食和流通等所谓的"低科技领域"也有机会，关键在于开发。

- **盯住部分客户的需要**：每个人的需求是有差异的，如女性喜欢化妆品、男性对户外用品感兴趣及小孩儿对零食感兴趣，根据需求差异发现商机，在寻找机会时，把客户分类，认真研究各类客户的需求特点。

- **追求"负面"**：在别人的抱怨中寻找机会，满足人们另类需求，从而赢得财富。比如双职工家庭没有时间照顾小孩，于是有了家庭托儿所；人们没有时间买菜，就产生了送菜公司。

（2）寻找金点子的方法

掌握寻找金点子的方法，就如同去一个地方要知道使用什么样的交通工具。

- **洞察潮流风向**：尽量让你的产品在还没有任何竞争者的情况下就进入市场，经验告诉我们，创业者很难在该市场中作为后来人而想后来居上，因为就算只有一个有能力的竞争者比你先进入市场，也会大大降低你成功的可能性。所以创业者要在别人之前先找到一个适合创业的潮流趋势，在该市场广开大门的情况下开始大展拳脚。

- **从困扰问题入手**：很多时候困扰我们的问题将会是创业点子的突破口，因为困扰问题很可能就是目前市场上的产品没有办法帮助人们解决疑难的结果。此时创业者从其出发很可能发现"新大陆"。比如有些坐办公室的人，冬天在键盘上打字手指会冷，戴没有手指的手套手指会冷，戴有手指的手套打字又不方便，那么是不是可以设计一款只露出指尖的手套呢？

- **将技能运用在新的领域**：有很多科学技术或技能不仅能用在当前人们熟知的领域，变换一下概念也能用在别的领域。如同生物技术，不仅可以用在人体构造研究上，延伸过后就能用于医疗领域。

- **为现有产品打造廉价版本**：企业有时会对现有产品进行低价出售来赢得顾客，其实公司大可以在现有产品的基础上，提高制作工艺，打造改进后的廉价产品版本，以此征服消费者，逐渐壮大市场份额。

- **从细节中寻找金点子**：分析产品或服务的特殊情况和制作程序等，从细微的不同处寻找金点子。比如同一种产品，比较两者的包装或产品的形状，结合销售数据，分析成功产品的原因和失败产品的不足，从而另谋出路，找到独特的点子。

No.08
没有钱也可以创业吗

很多人认为没有钱就没法创业，其实不然。当下大多数创业者都不是以富裕状态开始创业的，因此，创业者有时没有钱也可以创业。那么这是为什么呢？没有钱怎么创业呢？

如果你从未创业，一直是工薪阶层，你可能会有疑问：发不出工资，别人为什么要跟着你创业呢？因为股权，股权是理想与现实的结合，是对未来的一种预期，是寄放在未来的大量财富。员工是拿工资的，但拿到大量股权的合伙人会为了这种预期而努力。

没有钱怎么创业呢？没有钱就要吸引有钱的人来投资，那么怎样才能吸引别人来投资呢？要让人相信公司有未来，怎样才能让别人相信呢？很多东西，第一印象最重要，要让别人相信公司，就要对产品、服务或者项目进行包装，让它"看上去很美"。包装可以怎样帮助创业者创业呢？

● **能吸引合伙人**：任何小项目都可能有大情怀，产品经过适当的包装可以让人感受到其未来的预期，从而吸引有钱的合伙人与自己创业，解决创始人没有钱的难题。

● **可鼓舞士气**：仅靠钱是不能促使员工为公司长期创造价值的，而经过包装，让员工看到公司产品有发展前途，从而相信公司的发展潜力，在一定程度上提高员工对公司的忠诚度，可以在创业初期没钱时也能留住员工。

● **吸引投资人**：包装过后的产品更能吸引部分投资人前来投资，他们看到了有个性、特别的产品，就会想要大胆投资，抱着应该可以赚钱的心态对创业公司进行投资。

● **树立品牌形象**：创业其实就是开创自己的事业，建立属于创始人自己的品牌形象，而产品包装就是建立品牌形象的第一步，所以包装可以给创业公司带来不同于别人的品牌形象，从而吸引大量的客户支持公司，让公司在没有资金创业的难题下及时获得收益，以收益弥补创业初期的创业成本。

提示

包装不是欺骗，广告允许一定程度的夸张，包装也一样。只要包装时不说与公司品牌和战略不符的内容、不传达虚假信息及不将消费者的期待拔高到公司无法满足的程度，都可以适当夸张包装。

创业者没有钱，除了可以通过包装产品、服务或项目等来吸引合伙人、投资人、消费者和员工外，还可以向银行或金融机构贷款，或者向亲戚朋友借钱。总之，创始人没钱并不代表创业路途就被阻断了。

No.09
如今创业相关的
扶持政策有哪些

> 很多创业者在创业道路上举步维艰，原因之一就是没有好好利用国家相关的扶持政策。为了促进整个国家的经济发展，国家制定了很多创业扶持政策，具体有些什么利于人们创业的扶持政策呢？

扶持政策也有针对性，不同的创业者会有不同的扶持政策，具体内容如下。

（1）对自主创业者的扶持政策

由于创业的灵活性，自主创业的人群占所有创业者的比例相对较大，为了解决这些人的创业难题，相关创业扶持政策有如下几点。

- **组织培训政策**：进行城镇失业登记且有创业意愿的人员，可免费参加一次由劳动就业部门组织的创业培训和职业技能培训。

- **贴息贷款**：对于一年期还本付息的创业者，贷款金额在100万元以内的，政府给予全额贴息，创业者可以按规定申请小额担保贷款；从事个体经营的额度一般为5万~8万元，合伙经营实体或小企业吸纳人员达到一定比例后，可按人均5万元计算申请小额担保贷款。

- **减免税收**：部分创业者（城镇登记失业人员、残疾人、退伍士兵和毕业两年以内的大学生）在工商部门首次登记注册之日起，3年内免收管理费、登记类和证照类等有关行政事业性收费。符合条件的创业者按每人4 800元/年限额依次扣减当年实际应缴纳的营业税、城市维护建设税、教育费附加税和个人所得税。

（2）大学生创业的扶持政策

近年来，国家为了解决大学生就业难的问题，正在大力支持大学生创业，各级政府出台了很多的优惠政策帮助大学生更好地创业。具体的优惠政策包括以下几点。

● 注册资金扶持

毕业两年以内的大学生在创业实体店所在地的工商部门办理营业执照，注册资金在 50 万元以下的，允许分期到位，首期资金不低于注册资本的 10%（出资额不低于 3 万元），一年内实缴注册资本追加到 50%，余款可在 3 年内分期到位。

● 税收减免扶持

大学毕业生创办咨询业、信息业和技术服务业的公司，经税务部门批准，免征企业所得税两年；创办交通运输业和邮电通信业的公司，经税务部门批准，第一年免征企业所得税，第二年减半征收企业所得税；创办公共事业、商业、物资业、对外贸易业、旅游业、物流业、仓储业、居民服务业、饮食业、教育文化事业和卫生事业的企业或经营单位，经税务部门批准，免征企业所得税一年。

● 贷款扶持政策

各地区有商业银行、股份制银行、城市商业银行和有条件的城市信用社等，都为创业的大学毕业生提供小额贷款业务，并且还简化了程序，提供开户和便利结算，贷款额度在 2 万元左右。贷款期限最长为两年，到期确定需要延长的可申请延期一次。贷款利息按照中国人民银行公布的贷款利率确定，担保最高限额为担保基金的 5 倍，期限与贷款期限相同。

● 人才服务机构扶持

政府所属的人才中介服务机构免费为创业的大学毕业生保管人事档案（包括社保、职称和档案工资等有关手续）两年；提供免费查询人才和发布招聘广告等服务；适当减免参加人才集市或人才劳务交流活动的收费；为公司的员工提供一次培训和测评服务。

（3）农民工创业的扶持政策

为了适应我国经济发展的新常态（从高速增长转向中高速增长），国家开始鼓励农民工创业致富，并对其提供了相应的扶持政策。

● 放宽条件

农民工回乡创业，除国家法律、法规明令禁止限制的行业领域外，均允许进入，同时鼓励和支持回乡创业农民工平等参与国有（集体）企业改制改组、公用设施、基础设施及社会公益性项目建设等事业。国家降低了创业农民工在工商部门的登记门槛，农民工的家庭住所、租借房和临时商业用房等在符合安全、环保和消防等要求前提下可作为创业经营场所。

● 简化审批程序

坚持手续从简、收费从低、办事从快及服务从优的原则，推行联合审批、一站式服务、限时办结和承诺服务等制度。

● 加大扶持力度

优先给予符合降低贴息审批条件的农业产业化贴息企业和贫困地区的企业扶贫项目贷款贴息。

● 实行税收优惠

回乡创业的农民工与外地客商优惠政策相同，在登记注册后给予 3 年扶持期，扶持期内参照就业和再就业政策的规定实行税费和小额担保贷款优惠。同时，在工商登记准入条件、经营范围和注册资本等方面比照城镇下岗失业人员创业的优惠政策执行。

从事个体经营的，适当提高营业税的起征点，对不征营业税和增值税的回乡创业农民工不再征收个人所得税。申办个体工商户的，免收管理类、登记类和证照类等行政事业性收费；从事农林牧渔服务业项目的，免征企业所得税。农民工创办的企业缴纳房产税和土地使用税有困难的，向主管税务机关提出减免申请，通过后可适当减免或不予征收。

● 提供金融服务

农民工自主创业的，小额贷款担保基金可为其提供最高 5 万元的小额贷款担保，扶持期内从事微利项目的小额担保贷款，财政全额予以贴息；返乡创业农民工申请贷款抵押担保财产的范围扩大，证照齐全的房屋产权、土地使用权益、注册商标及专利等无形资产均可作为抵（质）押品；第三人反担保的对象扩大到经济效益好的企业中层或管理人员；另外，简化贷款的程序。

● 妥善解决创业用地问题

引导和鼓励回乡创业农民工利用闲置土地、厂房、镇村边角地、农村撤并的中小学校舍、荒山及荒滩等进行创业。按照依法、自愿和有偿的原则，鼓励土地向有资金、懂技术的回乡创业农民工手中流转。农民工创办企业符合环保、安全和消防条件的小型项目，允许在宅基地范围内建设生产用房。

● 提供信息和技术服务

对回乡创业农民工免费开展创业培训，免费为创业农民工提供项目信息和开业指导等服务。

No.10
创业计划书非写不可吗

创业计划书并不是非写不可，只是有些创业者为了参加活动或争取风投需要明确的创业计划书。虽然不是非写不可，但创业者最好还是要制订一份创业计划书，用来指导自己以后的创业之路。

创业计划书是一份全方位的商业计划，其主要用途是递交给投资商，以便于他们能对企业或项目做出评判，从而使企业获得融资。它描述与拟创办企业相关的内外部环境条件和要素特点，是为业务的发展提供指示图和衡量业务进展情况的标准。通常创业计划是结合了市场营销、财务、生产和人力资源等职能计划的综合。

为了能给公司创造更好的经营环境，创业者最好还是制定一份创业计划书，这样既能明确公司的现状，又能为公司吸引合伙人或者投资人。

（1）创业计划书包含的内容

制定创业计划书前，要知道计划书应该包含的内容，这样才能保证计划书内容的完整性。

- **事业描述**：必须描述所要进入的是什么行业，卖什么产品（或服务），哪些人群是公司的主要客户，所属产业的生命周期是处于萌芽、成长、成熟还是衰退阶段，企业是独资、合伙还是公司的形态，打算何时开业，营业时间有多长等。

- **产品/服务**：描述公司的产品和服务到底是什么，有什么特色，公司产品跟竞争者的产品有什么差异。

- **市场**：界定目标市场在哪里（是既有的市场或已有的客户，还是在新的市场开发新客户），不同的市场和客户有不同的营销方式；确定目标，决定怎样上市、促销和定价等，同时做好预算。

- **地点**：通常公司对地点的选择可能影响不是很大，但如果要开店，店面地点的选择就很重要。

- **竞争分析**：随时随地做好竞争分析，这样可以及时掌握当前市场的动态，避免被竞争者超越。一般要分析谁是最强劲的五大竞争者；他们的业务如何；他们与本业务相似的程度；从他们那里可以学到什么；如何做得比他们好等。

- **管理**：中小企业98%的失败来自管理的缺失，其中45%是因为管理缺乏竞争力，还没有明确的解决之道。所以要想吸引合伙人或投资者，就要在计划书中明确公司的管理方案，取得合伙人或投资人的信任。包括人事需求（具体到引进哪些专业技术人才、全职或兼职、薪水如何计算及所需人事成本等）。

- **财务需求与运用**：计划书中考虑融资款项的运用和营运资金周转等内容，并预测未来 3 年的资产负债表、损益表和现金流量表的情况。

- **风险**：并不是有人竞争才有风险，风险可能是进出口汇兑、餐厅着火、资金周转不灵或人员大量流失等，计划书中要将风险考虑到位，并注意明确当风险来临时的应对措施。

- **成长与发展**：公司下一步要怎么样，3 年后如何，企业是要能持续经营的，所以在规划时要能够做到多元化和全球化。

（2）创业计划书的编写技巧

要写出一份好的创业计划书并不容易，创业者要掌握一定的编写技巧，这样可以促成好的创业计划书的产生。

- **出色的计划摘要**：计划摘要可以让查看计划书的人快速了解计划书的内容和撰写目的，避免过多内容让投资者产生烦躁情绪。

- **产品与服务具有独特性**：在技术、品牌和成本等方面阐述其优势和能保持多长时间等，这是投资方决定是否投资的重要因素。

- **商业模式和盈利模式可行**：计划书中阐述如何生产商品、提供服务和市场策划、如何赚钱及如何把产品和服务转化为利润。

- **退出机制**：风险投资者如何摆脱某种状态是影响其投资决策的重要因素，在风投者决定投资之前，一定会事先找出退身之路。所以公司要为其想好退路，这样才能吸引投资者。

第 2 章

合伙创业，股权设计与分配都很重要

很多人想要自己创业当老板，但由于个人的能力和资金有限，所以需要找合作伙伴来共同承担创业的风险，同时分享共同的收益。为了公司的整体利益和个人利益，合伙人需要明白股权设计和分配的重要性，这样在经营时才不会出现纠纷。

No.11
合伙生意真的做不得吗，
搭档怎么选

> 虽然发生过很多合伙做生意产生经济纠纷的事件，但这并不表示合伙生意做不得。对创业者来说，合伙生意是比较理想的经营方式，不用独立承担创业成本和失败风险，而合伙做生意最重要的是选好搭档。

为什么会有人认为合伙生意不好做，甚至是做不得呢？因为有些人没有掌握方法，合伙生意没有计划好。

（1）合伙生意失败的原因

合伙生意不是做不得，而是有些人没有掌握方法，所以创业者在说合伙生意做不得之前还是先了解合伙生意失败的原因吧！

● 亲朋好友合伙不好意思签订合同

合伙现象大多存在于亲朋好友之间，其中很多出于情面没有签订书面协议，合伙内部事务如收入和支出也是流水账，一旦关系恶化，权利和义务的划分就成了问题，散伙时的清算也难以入手。

四川的陈女士和一个好友合开了一家服装店，朋友出的钱是她的两倍，但店里的电脑是陈女士的，联系货物和采购都是她一手负责，店内的装饰和摆设也都是她设计的，宣传也是靠她来做；而好友只是和她整理一下货物，卖一下货。因为两人是好朋友，加之当初陈女士急着盘下店铺，两人没有任何异议，更别说签合同了，只是口头说了利润一人一半。后来店铺生意在陈女士的打点下越来越好，利润很可观，不久后还将旁边的门市盘了下来。

这时陈女士有了想法：朋友只出了钱什么都不做，现在自己有资金了，不如自己把店铺盘下来。可让陈女士没有想到的是，好朋友怒气冲冲地说陈女士这是"卸磨杀驴"，她当初拿出所有钱来支持陈女士，现在也应该有权利分得她应得的那一半利润收益。陈女士这才意识到，当初如果签订协议约定权利和义务，现在就不会出现这样不愉快的局面。

● **合伙人是外行**

现在很多要创业的人在寻找合伙人时都只考虑到可以分担创业的成本和风险，却没有认真考虑过合伙人的相关经验和知识储备，一到产生分歧时就像"秀才遇到兵"，有理也说不清。

● **生意不好就想退股**

很多创业者有创业的心却没有创业的胆儿，一遇到收益不好就想放弃，都不试着想办法改进。只要合伙人中有人开始有这种想法，随之而来的就是接二连三的退股，这样的合伙生意能成功才是奇迹。

● **经验不足，急功近利**

经济的发展迫使很多创业者想从创业中快速获取收益，自己本身的经验尚且需要提高，加之急功近利，对生意的经营缺乏耐心和恒心，最后在预期的时间内没有获得理想的收益，就有了放弃创业的心思。

（2）如何选择合伙生意的搭档

看了上述合伙生意的失败原因后，创业者应该能明白合伙生意不是不能做，而是合伙生意有着一定的风险。其中搭档的选择成为重点，也成为创业的难题。如何选择合伙生意的搭档呢？

● **考察搭档的人品**：搭档的人品是合伙生意成功的基础条件之一，如果搭档的人品不端，不仅对生意没有好处，有时还会阻碍生意的发展。所以要选择责任心强、正直及坦率的合伙人。

● **选择有相关生意经验的人**：正所谓"隔行如隔山"，如果找了一个对当前要开展的生意没有什么经验的人作为合伙人，那么对创业没有什么帮助，尤其是在自己经验还不足的情况下，更应该找一个经验丰富的人成为合伙人。

● 合伙人的经济实力要中等偏上：经济实力较好的人，其对资金的紧急需求不大，这样可以防止在合伙经营的过程中撤股事情的发生，同时避免形成双方尴尬的局面。

● 合伙人之间理念要一致：兴趣是最好的老师，创业合伙人与自己的想法一致，对市场的考察有相同的思路，那么在一起创业才会更有信心，更有激情。

● 选择各方面可以互补的人：合伙人能与自己互补，取长补短，在工作能力、专业技能、性格和社会资源等方面各有长处，达成互补可以发挥更多的能量。

● 讲实际的人也适合做合伙人：合伙人务实且脚踏实地，吃苦能干，可以让经营工作变简单轻松，效率也会大大提高。

No.12
如何处理投资人之间的关系

创业者处理好投资人之间的关系，是保证公司资金运转顺利和关系正常维持的重要内容。否则，一旦投资人之间出现问题，生意的经营必然会受到影响。

为了创业之路更顺利，我们要学会处理投资人之间的关系，做到不偏不倚，侧重分明，疏近有度。

● 分清领投人和跟投人

领投人不一定是第一个向你发出投资意向的人（虽然很多时候确实是第一个），但一定是本轮向你投资最多的人。除他以外的投资方都是跟投人。领投人和跟投人主要的差别在于，领投人可能获得董事会席位，而跟投人基本不可能；领投人会负责投后管理，而跟投人既没有兴趣也没有权利义务；领投人是钱以外资源的主要提供者，跟投人虽然也可以，但其投资力度有限。

● **领投人和跟投人要亲疏有别**

一般情况下，你需要把领投人和跟投人拉到一个群里（QQ 群或微信群），方便他们进行统一的投后管理，也方便你告知义务。但你与领投人的联系要更密切一些，领投人对项目的了解一般也是最多的。在某种程度上，你可以将所有跟投人视作纯粹的财务投资人。

● **明确投资人的不同权利和义务**

要分别明确不同投资人拥有的权利和义务，不能大而化之。大股东小股东的配置不应完全相同，具体到各人也会有不同的需求和交涉过程。应该以什么频率向谁递送报表？谁有权得知哪些信息？谁可以发言干涉公司事务？谁可以投票表决？这些都要在交易达成之前做好书面协定，既是为了避免混乱的股权架构，也防止投资人之间产生纠纷。

● **帮助投资人之间互相熟识**

融资成功后组织一个所有投资人的融资 party，邀请他们一起参与企业沙龙，一起出席公司的各种公开活动（如新闻发布和纪念日等），这些做法都很容易制造他们相熟的机会。

● **合伙人之间要有足够的了解和信任**

创始人必须花时间去了解投资者，做自己的尽职调查，以确保投资者能为自己提供成功所需的资源。投资者必须花时间去了解创始人，与创始人的介绍人和共同联系人谈话，还要与创始人的客户谈话，以便对创始人打造和销售产品的能力有更全面的了解。

双方在充分确信了对方的"底细"以后，就要坚定地相信自己的合伙人，要把公司或生意的整体利益放在首位，不能任意妄为胡乱猜忌，一旦双方产生隔阂就很难再有共同目标。

● 平等对待投资人

除了条款规定以外，你应该平等地向投资人披露信息，绝对不要与个别投资人进行暗箱操作，因为投资人之间是很可能互相通气儿的。同样，不能因为他们不熟而与个别投资人玩儿猫腻，你很难控制他们的信息交换，小伎俩是很容易暴露的。如果不平等对待投资人，那么其他投资人之间很可能会心存芥蒂。

No.13
如何建立一支有用的团队

所谓"三个臭皮匠，赛过诸葛亮"，创业的路上也需要伙伴，这样才更容易走得稳当，走得长远。团队合作的成功案例数不胜数，那么要怎样才能建立一支有用的团队帮助公司更好地发展呢？

对于初创公司的创业者来说，创业涉及的各方面经验会明显不足，一个人的力量是有限的，而通过团队合作就可以规避一些不足，从而使创业之路不那么艰难。

● 建立积极向上的企业文化：我们很容易就会深陷日常琐事，专注短期工作效率而不可自拔。但企业文化很重要，它为员工营造一个积极的环境，提升团队的整体幸福感，公司也会因此变得更好。

● 找到技术能力互补的队员：作为创始人，关键是要对自己的才能有清楚的认识，若想成功打造一个团结、积极的团队，就必须找到具有互补技术的团队成员。但互补还伴随着不同的个性、不同的交流技巧、不同的兴趣和不同的期望。作为创始人的职责就是发现、抓住和利用机遇，最终创造一个环境，在这种环境下分歧不仅能共存，而且还能促进企业成长。

● **确认团队成员目标要一致**：只有团队成员的目标一致，大家才
能往一个方向使劲。就像拔河，讲究的是目标一致性，即使团
队中大力士很多，但如果大家都往不同的方向使力，结果很可
能就会失败。

● **建立完善的沟通渠道或方式**：利用完善的沟通渠道或方式，不
仅要求沟通的便利性，还要沟通的方式直接化、具体化和诚实
化。大家沟通时要保证有话就说，实话实说，这样大家才能明
白各自的真正想法，才有利于经营活动的效率提高。

● **培养团队的归属感**：所谓归属感就是个人感觉自己被别人或团
队认可与接纳的一种感受，这样团队成员就会比较有成就感，
从而忠诚地做好一名团队成员，积极配合团队的工作和任务，
提高团队的凝聚力和办事效率。

● **队员自己要明确职责**：团队合作内部也会有分工，每个队员要
明确自己的任务和职责，做好自己分内事是基础。

● **互帮互助，学会更多技能**：每个队员在完成自己工作以后，要
积极帮助其他队员完成工作，在帮忙的同时学习自己不懂的知
识，丰富自己的知识面，拓宽自己的见识。同时也能在整体上
提高团队的工作效率，有助于整个团队能力的提高。

No.14
团队成员问题如何处理

一个团队的成员之间或多或少会存在一些问题，每个人的个性化都
有可能导致内部关系破裂。为了提高团队的质量，我们要如何处理团队
成员之间的问题呢？

首先要了解团队成员之间会遇到哪些问题，然后才能对症下药解决问题。

（1）加强团队成员之间的交流

团队成员在没有熟悉之前，都尽量自己做自己的事情，与同事之间也很少说话，在遇到需要协调时也畏首畏尾不愿接触。作为团队的管理者，要时刻关注成员之间的沟通交流是否顺畅，若不顺畅要想办法促进成员之间的交流，具体如图 2-1 所示。

开讨论会	私下沟通	组织郊游
团队管理者组织成员开展讨论会，会议内容可以是谈谈工作中遇到的问题，可以是工作中自己需要什么样的帮助，或者在工作安排上有什么不合理的地方等。很多人会担心第一个说话会得罪人，所以团队管理者可以第一个发表言谈，引导和鼓励成员积极发言。	有些事情不方便在公开的会议上谈论或提及，那么团队管理者可以私下一个个进行交流，了解成员之间的真实想法。但这个方法需要团队管理者做好保密工作，同时也需要管理者有足够的信用让成员对自己信服。	人们在玩耍的氛围中是最放松的，团队适当地组织郊游，一方面可以放松心情，另一方面就是能够促进成员之间的活动，增进成员之间的感情。

图 2-1　加强团队成员之间交流的方法

（2）及时化解成员间的矛盾

当团队成员之间开始熟络起来，在不断的接触中也会逐渐产生摩擦和隔阂。如果团队管理者放任摩擦和隔阂不管，那么团队的凝聚力就会受到影响，严重的就会导致团队的解散。所以，化解成员之间的矛盾是一件不容忽视的事情，具体可以采取以下行动。

- **适当频率的视察**：视察是领导工作的一部分，其作用不仅是视察工作内容，也能从视察工作中了解工作人员的工作情况。团队管理者对成员进行适当的视察，可以及时发现成员之间存在的矛盾，保证问题出现能及时采取措施。

● 解决问题要及时：当管理人员发现了成员间的不和谐，就需要立即做出应对的行为，这样才能在有效的时间里解决问题，否则问题很可能被拖到不能很好地解决的地步。

● 处理问题要恩怨分明：人都不喜欢被别人忽视或不重视，在开导和劝说矛盾的两方时，要注意把握尺度，该表扬就表扬，该批评就批评。正所谓"恩威并施"，不能助长工作懈怠之风，也不能长了推卸责任的人的气焰。

（3）提高成员的素质

防患于未然比事后处理更能将问题解决彻底，为了能够减少成员之间的摩擦，团队管理者在日常工作中可以不断地帮助成员提高自身的素养，从矛盾产生的源头入手。

● 介绍成员阅读修身养性的书：团队管理者可以推荐成员阅读比较有深度的书籍，提高个人修养，学会忍让，学会包容。

● 做好榜样：有句话叫"上梁不正下梁歪"，要想团队成员有较高的素质，团队领导者更应该做好榜样，加强自身的素养，这样才有资格让成员提高素质，才能让成员信服。

● 开展优点互评活动：通过匿名的方式收集成员之间的优点互评结果，这样不仅可以避免成员之间互黑，还能更准确地了解到各成员的真实优势。

No.15
如何塑造团队的向心力

团队向心力是保证团队合作有效进行的基础，是一种团队成员以团队领导人为中心实施的团结合作，简单来说就是团队成员对领导人的服从程度。那么要如何才能塑造团队向心力呢？

向心力的塑造首先要团队领导者具有一定的威信和领导能力，这样才能吸引成员佩服自己，进而服从自己。

（1）提高领导人的综合工作能力

团队领导人的能力直接影响向心力的力度，如果一个团队的领导者能力不足，那么很容易让成员产生不满甚至逆反心理，影响团队的向心力。所以，团队管理者不仅要有充分的行业知识，还要有良好的管理能力，能够协调好工作和人员之间的关系。

（2）培养领导人的威慑力

领导人如果太平易近人了也不好，过分的和蔼可亲会使团队工作不能快速进行，队员做事也可能变得不干脆，而且一再的宽容和忍让也可能会造成成员产生懒惰心理。所以，团队的领导者也要适当培养威慑力，既能与成员之间平等合作，也能威慑住各个成员，使得团队合作具有弹性，张弛有度。

（3）提高团队成员的荣誉感和归属感

提高团队成员对队伍的荣誉感和归属感，可以有效增强团队向心力。因为一旦成员对团队有了归属感和荣誉感，就会以团队的成功为奋斗目标，团队的荣辱关系着自身的荣辱，进而就会为了大局考虑，心甘情愿地服从领导者的安排。

- 真诚地让成员了解团队的情况：让成员了解团队的真实情况，能让成员感觉团队做事的脚踏实地，还能让成员感觉自己是被信任的，因此也就会信任团队。

- 荣誉归属于团队成员：团队的荣誉要给每一位成员，不能独揽好处，团队的错误要大家一起承担，不能将某个人推到风口浪尖，否则会伤害个体成员的自尊心，使之对团队失去归属感。

- **突出贡献特别大的人的成就**：很多想法积极的人在受到鼓舞后会更加卖力工作，付出被肯定能够让成员感受到团队是明事理的，在该团队发展是很有希望的，成员也会因为这样而充分相信团队，跟着领导者的步伐走。

- **指出严重错误并明确责任**：对于严重错误，团队的领导者要及时指出来，并且将责任明确到犯错误的人身上。严重错误不能让团队承担而忽视当事人的责任，这样会让其他成员不满甚至心寒，此时顾全大局就要安抚大多数人的不满心理，防止"一颗屎打烂一锅汤"的局面出现。

No.16
创业合伙人股权如何设计

一直以来，很多创业者，甚至是已初具创业规模的创业者，都问同一个问题，就是怎么确定合伙人的股权比例，即股权架构设计。明确股权的分配比例才能明确合伙人的责任和利益，进而提高合伙创业的效率。

关于创业团队股权架构设计，包括什么人可以参与股权分配，股权蛋糕如何切割，股权分配需要考虑的因素，合伙人股权的成熟机制及合伙人特殊原因退出机制安排等方面。

（1）哪些人群不适合参与初创股权分配

合伙人就是一起做事的人，在创业层面的理解应该是能背靠背，各自独当一面，实现各自包括研发、运营、资金和渠道等优势有效整合的团队，合伙人之间紧密联系、不可相互替代。只有这些合伙人才适合参与股权的分配。而实践证明，图 2-2 所示的一些群体是不适合参与股权分配的。

不能保证持续保有的资源提供者

有些项目的启动需要诸如电信运营商、旅游、文化和交通等行政资源，而这些关系需要通过个人的私人关系取得，这就存在不确定性，不能作为合伙人。

兼职者

创业是一个长期的事业，需要全身心地投入，非资金投入的兼职者是不适合当合伙人的。因为非资金投入者一旦撤股会牵涉很多事项，撤股时会耽误公司的发展。

专家顾问

有些创业项目的启动和顺利运营需要特定专业的顾问，但有些顾问会提出不收顾问费，换股权，这是不可取的。既然是顾问，就可能因为某些原因"不顾不问"，其占有股权，非但不能发挥应有作用，还会对项目造成严重影响。

早期员工

有些初创团队为了留住人才，可能会给予员工小比例的股权，这样不可取。因为早期股权非常珍贵，且初创公司的股权在员工眼里也不值钱，起不到激励作用。

不是志同道合的人

不认同合伙事业发展理念、不能长期坚持及不能同舟共济的人，这些人在创业的过程中很可能会提出"散伙"的想法，放弃创业的念头。

图 2-2　不适合参与初创股权分配的群体

（2）股权蛋糕如何切

公司的股权不能由合伙人分光，合伙事业的发展不可或缺的支持还包括新合伙人、核心员工和投资人。所以，在切股权蛋糕时，应当具有长远眼光，预留好未来需要引进的新合伙人的股权、员工激励股权份额及未来需要引进的投资人的份额。

具体预留份额没有固定比例，需要合伙团队根据实际情况而定。这些预留的股权份额可由 CEO 合伙人代持。当然，这里讲的预留是针对普通有限责任公司，对于股份有限公司，则不存在这个问题，股份公司可以增发股份，不一定要采用预留的方式。

（3）合伙人股权比例分配的考虑因素

在预留股权后，剩余的基本上就是合伙人可以分配的股权。分配比例通常考虑如下因素。

- **出资比例**：如果所有合伙人都同意按比例出资且各方资源优势基本相当，则可直接按出资比例分配。如果只有部分合伙人出资，则出资的合伙人可以取得比没有出资的合伙人更多的股权。

- **项目 CEO 的股权**：CEO 是合伙事业的灵魂，对公司负有更多的担当。CEO 取得相对较多的股权，能有利于创业项目的决策制定和执行。

- **综合评估每个合伙人的优势**：有些项目的启动不需要太多资金，而是依赖某位合伙人的专利或创意，产品仅是技术实现；有些项目的产品并不具有绝对的市场优势，所以推广更重要；有些项目需要某个合伙人融资及导入项目的资源。因此，对于具体情况，相应资源提供者应占有相对较多的股权。

- **每位合伙人在初创过程中各个阶段的作用**：创业项目的启动、测试和推出等阶段，每位合伙人的作用不同，股权安排应充分考虑不同阶段每位合伙人的作用，以充分调动合伙人的积极性。

- **股权梯次**：股权分配时最好不要是均等的比例，比如 3 个合伙人，较科学的比例结构是 5:3:2。

（4）合伙人股权成熟机制

合伙人股权成熟机制的法律价值在于预防个别合伙人中途退出给项目造成的影响，约定合伙人分到的股权并不是实打实到手的股权，而是附条件的成熟和实现。

A、B、C 合伙做项目，A 是 CEO，B 是 CTO，C 是 COO，股权比例为 50%:30%:20%，约定所持有的股权分 4 年成熟，每年成熟 25%。若在 4 年内任意合伙人退出，则未成熟股权由其他合伙人回购（也可约定公司回购，建议尽量约定合伙人回购，因为公司回购涉及到减资，程序相对麻烦）。其中，回购价格在创业合伙协议中有明确约定。

项目启动后刚好满一年，作为 COO 的 C 不干了。那么，C 成熟的股权为：20%×1/4=5%，余下 15% 属于未成熟股权，即 C 离职后仍可持有 5% 的股权，15% 未成熟股权由 A 和 B 按股权比例回购。这样一方面可以承认 C 对公司的贡献，另一方面可用回购的未成熟股权吸收替代的新 COO 合伙人。

提示

以上案例采用的是年份分期成熟模式，实践中也有约定按项目进度（如产品测试、正式推出、迭代、推广、总用户数和日活用户数等阶段分期成熟），也有按融资阶段分期成熟和按项目运营业绩递增情况分期成熟。

（5）特殊原因退出的股权处理

在项目推进过程中会遇到如合伙人离婚、犯罪或去世等情况，这些都会导致合伙人退出，若不提前设计法律应对方案，会对项目造成严重影响。

● **合伙人离婚**：若合伙人未做夫妻财产约定，则股权依法属于夫妻共同财产。所以有时在合伙协议里约定特别条款，要求股权为合伙人与现有或未来配偶之中一方的个人财产，或约定离婚时配偶不主张任何权利，即"土豆条款"。

● **犯罪退股**：合伙人犯罪被追究刑事责任不能或不适合继续参与项目的应强制退出创业团队，并参照上述股权成熟机制处理。

● **继承处理**：公司股权属于遗产，依我国《继承法》和《公司法》规定，可由其继承人继承其股东资格和股权财产权益。但由于创业项目"人合"的特殊性，由继承人继承合伙人的股东资格显然不利于项目事业。《公司法》没有规定股东资格必须要被继承，但公司章程可以约定合伙人的有权继承人不可以继承股东资格，只继承股权财产权益。

No.17
股权设计常见矛盾如何避免

> 由于个人需求不同，股权设计不可能满足合伙人的所有要求，因此股权设计就会凸显很多矛盾。为了让股权设计方案发挥应有的效用，我们需要积极避免这些矛盾。

股权设计的过程中难免会遇到计划不完善的地方，有时甚至会导致合伙人之间产生较大的矛盾，为了让合伙创业顺利进行，我们要了解并规避这些矛盾。

● 用好股权激励这把双刃剑

股权激励虽然能够激励企业高管团队为股东创造更多业绩，但是另一方面也会削弱股东的股权。所以在股权设计过程中要充分了解精英团队及核心人才的需求、激励现状和问题，与股东及董事会成员充分沟通，大家需要就股权激励的对象、标准、条件和激励水平等达成共识。

● 合理利用股权激励的普惠制

普惠制本质上是一种大股东赠与制，也就是大股东让渡股权，这样可以"散财聚才"。但并不能一味地赠与股权来求得人才，有些行业如果采用普惠制让渡股权，反而会阻碍企业发展。比如，传统制造企业和资金密集型企业。为了解决这些企业的发展需求，可采用精英制股权激励。

● 股权时效性结束后也不能停止激励

股权激励虽是一个长期过程，但也有很强的时效性。而实际上股权激励一旦套现，激励就到了终点，很多人就会对创业没有了激情，出现工作倦怠，这与股权激励目标背离。团队要设计后备的股权激励方案，让股权激励措施得以持续进行。

● 股权设计与表决权相对应

很多企业都是通过股东（或合伙人）所占股权比例来确定其相应的大会表决权。然而当股权出现 1/2 的态势形成对立面时，无论公司做什么角色都需要双方一致同意才行，这样很容易形成僵局。所以企业在股权设计过程中要完善设计方案，通过合理的比例分配规避这样的矛盾。

● 投资人不要试图去控制公司的股权

很多创业型企业都有两个或两个以上的合伙人创立，每个合伙人都希望对公司有相应的控制权。但为了避免投资人之间互相争抢权利，合伙人在签订合伙协议时一定要明确，各位投资人不要试图控制公司的股权，公司是大家的。

No.18
如何用股权激励团队

企业中，股权激励是一种比较有效的激励措施，但我们也了解到股权激励是一把双刃剑，要怎样用好这把双刃剑来激励创业团队呢？

对于初创公司来说，股权激励就是最初的承诺到后期的执行。而合伙创业的公司，其股权激励一定要执行到每一位合伙人身上，如表 2-1 所示。

表 2-1 用股权激励团队的方法

激励对象	方法
对经营者和高级管理人员的激励	主要采用以限制性期股结合、分红权为主的股权激励方式。这里"期股"指明实施激励的股权来源和被激励者取得股权的方式；"限制性"则对被激励者权利的兑现条件加以限制，主要体现约束功能；"分红权"可在"期股"激励功能之上加强其正面激励的效能，同时也是对被激励者所拥有的"人力资本"的肯定

续表

激励对象	方法
激励管理骨干和技术骨干等重要成员	可重点选取以"限制性期股"结合"业绩分红权"为主的股权激励方法，承认其"人力资本"的价值和参与分配的权利，但这种"权利"的行使要与其本人工作业绩直接挂钩，而不是无条件地参与分红
对一般员工的激励	通常对其的股权激励不应该作为主要的激励手段，且股权激励对一般员工的作用不明显。对于效益良好且稳定的公司，采用股权激励能起到增加福利和补充薪酬的作用。此外通过持股的方式让职工有机会分享公司的利润也有助于健康的公司文化建设。在具体的方法上可以考虑员工直接购股或设置期股为主的方式
对销售人员的激励	销售人员的收入与业绩的挂钩过于直接和短期化，导致多数销售人员不关心公司的整体利益和长远利益，人员流动性也很大。通过股权激励使股权收益在其长期总收入中占有较大比例，借此实现对销售人员收入的延期支付，使其在关心自己短期利益的同时也要兼顾公司的整体利益和长期利益。可采取"限制性期股"的方式授予销售人员较大的期股额度，规定其绩效收入的一半必须用于支付购买期股借款（否则作废），且其已经实际拥有的股权必须在服务期满若干年后才能转让兑现。也可使用"业绩股票"的方法，将销售人员短期收入中的一部分变为长期权益，这样能在很大程度上减少其短期行为

此外，股权激励一定要与其他激励手段合理配合使用，不同的成员或不同职位的人对激励的需求不同，要想尽可能地满足大部分人的情况就需要使用不同的激励手段进行鼓励。而且，股权激励制度和实施方法一定要结合公司的目标达成情况及激励对象本人、本部门的业绩指标完成情况与考核办法来制定和兑现。

任何股权激励工具都是人们在管理实践中创造和总结出来的，并不断有新的激励工具被创造出来；每个成熟或不成熟的激励工具都有其自身的适应性和适用条件，并不存在一个百分之百成熟和完善的股权激励方法，所以在借用或借鉴别人的股权激励方法时一定要进行改造、创新，切忌简单模仿和盲目照搬。

No.**19**
合伙人股权退出怎么办

在合伙创业的过程中，难免会遇到一些突发状况导致合伙人退股，而合伙人一旦退股，势必会影响企业的发展。那么，合伙团队在创业过程中遇到合伙人退股该怎么办呢？

合伙人决定退股时，团队管理者首先要了解合伙人决定退股的原因，然后根据实际情况决定是否进行挽留。若是不能商量的原因，则根据合伙协议的相关约定办理退股手续；若是能够商量的事情，则需要其他合伙人同心协力挽留将退股的合伙人。

（1）确定退出价格

一方面可对退出的合伙人收回全部或部分股权；另一方面必须承认合伙人的历史贡献，按一定溢价或折价回购股权。可根据退出价格基数或是溢价或折价倍数来确定退出价格。比如，可考虑按合伙人掏钱买股权的购买价格的一定溢价回购或退出合伙人按其持股比例参与分配公司净资产或净利润的一定溢价，也可按公司最近一轮融资估值的一定折扣价回购。

（2）按照不同协议的约定执行退出机制

工商局通常都要求企业用他们指定的章程模板，股权的退出机制很难直接写进公司章程。但合伙人之间可另外签订协议，约定股权的退出机制；公司章程与股东协议尽量不冲突；在股东协议中约定的公司章程与股东协议相冲突时，以股东协议为准。

（3）股权发放后，如何处理合伙人拿到的股权与其贡献不匹配的问题

如果允许中途退出的合伙人带走全部股权，对退出合伙人是很公

平，但却对其他长期参与创业的合伙人很不公平，对其他合伙人也没有安全感，所以就要求合伙创业的团队在退出机制中明确退股合伙人的股权问题。

- 创业初期预留较大的股权空间，方便后期期权的调整工作。

- 与退股的合伙人商量，指明完善后的退出机制和团队的想法，征求退股合伙人的谅解，在下一期发放股权时少发。

- 如果可能的话，在股权实际发放到退股合伙人手上之前就改好其应得的股权比例，这样可以减少异议的可能性。

（4）明确清晰的股权份额，办好相关退股手续

团队成员与退股合伙人所持的股权份额一定要划分清楚，并且要将退股手续办妥当，防止日后出现经济纠纷。一般合伙创业的公司，对退股的合伙人所持股权的发放按照分期成熟机制执行，这样既可以安抚现有的合伙人，也肯定退股合伙人对公司的贡献。具体的分期成熟机制需要根据公司自身的发展情况和最初订立的协议决定。

（5）抓紧时间寻找另外的合伙人

当公司的运营在合伙人退股后收到影响且需要引入新的合伙人时，一定要及时寻找另外的合伙人，让公司的正常运营不受到影响。若是退股合伙人的离开对创业团队工作的影响不大甚至没有，那么公司可以暂时不用考虑引入新的合伙人，因为引入新的合伙人需要耗费时间精力和一定的资金成本。

提示

上述的办法都要建立在较完善的退出机制的基础上实施，所以合伙创业的团队在创业初期就要做好退出机制的制定，为日后合伙人的退股提供分股依据，同时也能避免一些不必要的经济纠纷。

No.20
新公司常见股权问题有哪些

> 新公司成立将面临一系列的问题，而合伙创业的公司面临的最突出的问题就是股权问题。下面就来详细了解合伙创业的新公司常见的股权问题有哪些。

股权关系着每一位合伙人的权力和财产权益，因此，股权问题成了合伙人之间最想要了解和解决的问题。

（1）股权出资

股权出资是股东依据法律和公司章程的规定，用其持有的在其他公司的股权作价出资，设立新公司的行为。新公司成立后，股东将其在其他公司的股东权益转让给新公司，使其成为新公司财产的一部分。这种出资方式常出现在上市公司的组建过程中。但这种出资方式有一定的限制性，需要出资人遵循一定的规则。

● 可以出资的股权应当是出资人已履行了全部出资义务的股权。

● 可使用股权出资的人应当是拟设有限责任公司的股东、拟以发起方式设立的股份公司的发起人、已设有限责任公司的股东和已设股份公司的发起人。

● 可接收股权出资的公司应当限于已设的公司、拟设的有限责任公司和拟以发起方式设立的股份有限公司；拟设一人有限公司和以募集方式设立的股份有限公司不能接收股权出资。

● 股权出资的比例不得高于公司注册资本的70%。

● 股权的价值评估应当以股权所在公司的净资产额、股权总数、股东表决权和分配权确定原则及经营状况等为依据。

● 股权出资应当符合《公司法》有关股权转让的规定。比如，以有限责任公司股权出资的，应当经其他股东过半数同意，公司章程另有规定的除外。

（2）股权分配太看重技术性反而不好

股权分配的技术性因素不是全部，甚至是次要的，人的因素才是最重要的。团队分配股权，根本上讲是要让创始人在分配和讨论的过程中，让投资者从心里感觉到合理、公平，从而事后甚至是忘掉这个分配而集中精力办公司。因此复杂、全面的股权分配分析框架和模型显然有助于各方达成共识，但绝对无法替代信任的建立。创始人要开诚布公地谈论自己的想法和期望，任何想法都是合理的，只要赢得你创业伙伴的由衷认可。

（3）保持控制力和获得经济回报难以两全

大多数情况下，对于一个创业公司的创业者，保持控制力和获得经济回报难以两全其美。因为一个初创公司需要获得外部资源来创造价值，而获取外部资源通常要求创始人削弱其控制力（例如，不做 CEO，让别人加入董事会）。

因此创业者需要坦诚面对自己，回答自己创业的原动力到底是什么。是获得巨大经济回报？还是按自己的意愿做事情？没有对错，只有是否忠于自己。答案清晰，就更容易达成自己的目标。如果两个都想要，最后反而容易一个也得不到。

（4）股权转让

股权转让是公司股东依法将自己的股东权益有偿转让给他人，使他人取得股权的民事法律行为。在股权转让过程中我们要注意以下这些问题，防止股权转让不成功或不合法。

- 虚假出资本身是有效的：虚假出资就是"取得股份而无给付"或"无代价而取得股份"，这样的出资本身是有效的，但如果出资的公司股东在股权转让时隐瞒"虚假出资"的事实真相，导致让人受到欺诈，则这样的虚假出资无效。

- 转让股权中的部分权能为内容的股权转让也可以是有效的：股东只转让股权中的共益权是有效的，包括股东会议出席权、表决权、知情权、查阅权及诉讼权等参与性权利。而像公司盈余分配请求权、剩余财产分配请求权及股份转让过户请求权等财产权利不能单独转让。

- 股权转让可能遇到不具有法律效力：股权转让未经过变更登记的将被认为转让行为不发生法律效力。

- 因没有公证导致当事人权益受损：对股权转让合同进行公证，可以证明转让行为的真实性和合法性。

—— 创业百问——新手开公司前需了解的事 ——

第 3 章
新公司的注册成立

公司的注册登记是企业成立的第一步。政府对申请人进入市场的条件进行审查，通过注册登记确认申请者从事市场经营活动的资格，然后使申请者获得实际营业权。整个实施过程包括注册登记、变更登记和注销登记等。

No.21
新公司选址要注意哪些问题

> 公司的办公场所是一个公司成立前最需要考虑和解决的实在问题。公司选址关乎公司未来发展，因此对于公司而言，选择一个适合的办公地点是一件具有极大挑战且亟待完成的事情。

初创公司首次选址时需要注意的问题很多，为了方便以后的工作和公司的发展，方方面面都要考虑到位。

（1）怎样开始选址这件事儿

一开始，创业者就要明确公司的业务模式和房产目标，然后快速做出决策占据选址优势。

● **什么时候启动寻找办公场所的流程**

大多数初创公司和小企业低估了寻找办公场所需要的时间和工作流程，要想在短短 30 天内找到一个独特的办公室或联合办公场地绝不是件简单的事。若想找大一点但不超过 930 平方米的办公场所，设置的时间最好在 4～6 个月；若想找超过 930 平方米的场地，最好提前半年或一年开始找地儿。当然，如果只是一般的办公室，只需要几十平方米的场地，提前 3 个月就足够了。

● **选择办公场所会涉及哪些人**

公司确定创业团队后，可以在选址时组建一个队伍将不同部门或职能的人都带到队伍中，对选址提出参考意见，这样方便满足更多员工的需求。这个队伍最好有一个在企业房产和设施布局领域非常有经验的人，可以帮助公司选好办公场地；还要注意选择好的房产经纪人，不但减少时间成本，而且还能找到很好的房产业主。必要的话，还可以找一个经验丰富的房产律师，确保租房工作的顺利完成。

● **如何缩小搜索范围**

为了提高找房效率必然需要缩小搜索范围，首先要考虑租期，租期越长选择越多，但在实际计划租期时要考虑公司发展的具体情况，否则很容易造成刚租了一年场地就不够用的情况；然后结合租金预算和相关费用筛选价格合适的场地，包括停车费、清洁费、拆迁费、保险费及家具费用等；接着筛选布局合意的；最后用交通枢纽和便利设施来筛选，交通、停车率、安全性及高速互联网等。

（2）场地大小和地址要适应公司的发展速度

在选办公场地时最好选择方方正正的地方，不要角落，这样后期可进行相对较便捷的调整。根据公司工作性质计算每位员工需要占用的面积，然后根据员工人数算出总面积，可稍微大几平方米。有条件的话可在邻近场地寻求终止权利和扩张权利，方便公司灵活发展。

● **开始时场地不能选太大**：创业初期，公司规模一般较小，若为了给公司提供大环境而选择了较大的办公场地，那么就会增加公司的经济负担，同时还面临场地闲置的亏本风险。

● **扩张场地的速度要比公司的发展速度稍慢一些**：公司在发展过程中，场地小一点还能将就解决，但若是场地扩展的速度太快，也会导致场地的浪费。

● **办公场所尽可能离大多数员工近**：公司要在选址时考虑到员工上下班交通的便利性，可以是大多数员工住处的中间地区；如果做不到便利大多数员工，可以选择交通便利的地方，比如，地铁沿线或公交车辆较多的地方。

（3）了解租赁办公场所时需要的一些财务担保书

为了能在众多寻租者中脱颖而出，同时让房东更放心，你需要尽可能地让房主了解公司优秀的财务表现。而寻租者有时也会被要求提供一些保证金或是公司创始人的个人担保，所以就要事前准备好所需的财务资料、纳税申报单、银行账单或是预付租金（银行信用证）。但在提供财务资料时要注意防止个人资产情况泄露。

No.22
公司取名和装修该怎么做

公司的名字是招牌，也是公司能够快速发展的因素之一，目的是为了吸引人才和消费者；而公司的装修则是要为员工创造一个良好的工作环境，提高员工的工作效率。这两方面的工作具体要怎么实施呢？

初创公司在取名和装修这两件事情上，要更注重公司的取名，一个合适的名字可以提升公司在别人眼中的档次。

（1）给公司取名的步骤

给公司取名不是一件随便的事情，首先需要了解取名的步骤，掌握取名的大致流程，防止遗漏程序，如图 3-1 所示。

首先了解公司名称的组成结构：【行政区划】+【字号】+【行业】+【组织形式】依次组成，公司名称结构是全国统一的。行政区划就是公司所处的省份或市区等，字号就是公司的个性化名字，如阿里巴巴；组织形式就是公司的性质，如有限责任公司、股份有限公司或工作室等。

到工商系统进行名称查重：想好名称后不要马上去工商核名，应先到工商系统查名，如果与同行业已有公司名字相同就肯定取不了名。即使没有重复，也可能没法通过公司名称的核准，保险起见最好在工商局窗口再确定一下。

到工商局核准名称后领取通知书：确认想好的名字没有与其他公司名称重复后即可前往工商局进行名称核准，通过后，工商局会下发《企业名称预先核准通知书》，到此名称就确定下来了。

图 3-1　给公司取名的大致步骤

（2）字号取名的注意事项

给公司取名实际上就是考虑公司名称的字号，其他结构都是固定的，那么在字号取名时需要注意哪些问题呢？

● 字号取名三大要素：一是定位，公司是做什么的就取与之有关的名字，不要牛头不对马嘴；二是简洁明了，不能取太生僻的词语；三是寓意深刻，从公司长远意义出发，让人容易辨识。

● 字号取名的限制：不能取外国名字、汉语拼音字母及阿拉伯数字，不得使用中国、中华、全国、国家及国际等前/后缀字样。

● 字号取名的选取范围尽量广泛：做足取名功课，不要仅仅在 2~3 个名字中选择，要打开局限，可发挥团队成员或员工们的潜力。

● 确定字号在其他言语中没有攻击性且意义不奇怪：有些字号虽然符合创造性，但同时会具有一定的特殊意义，会让人觉得奇怪，此时要避免这种情况发生；还要注意字号不要带攻击性，否则容易起到反效果甚至得罪人。

接下来我们要了解公司装修需要做的事情，尽最大可能为员工和自己创造良好的工作环境。

（1）找装修公司的方法

装修是个大工程，要做好装修就要学会选择合适的装修公司，因此要了解寻找装修公司的途径和方法，如表 3-1 所示。

表 3-1　找装修公司的途径和方法

途径	具体方法
亲戚朋友介绍	有些装过新家的亲戚朋友对装修是比较有心得的，我们可以了解他们推荐的装修公司。但每个人想要的装修风格千差万别，装修预算也不一样。所以不能完全照搬亲戚朋友的装修方案或装修预算，应确定自己的大致装修需求后再去找对应的装修公司

续表

途径	具体方法
咨询房东	创业者可以向房东咨询装修意见，因为是他们自己的房子，也会希望找个好的装修公司装修，所以给出的建议或意见一般比较实在和中肯
开发商推荐	很多装修公司首先和开发商联系推销自己，以获得业主的户型信息和联系电话等。并且有些装修公司在同一楼盘已经有完成装修工程的，质量和服务都反馈到开发商销售代表那儿，口碑比较有保障。但在接受开发商推荐时要多考虑一下，防止有些销售代表为了利益推荐不靠谱的装修公司
网络渠道	可通过装修专业网络平台或网络跳蚤市场搜寻装修公司的信息。装修专业平台有土巴兔和齐家网等，通过平台与装修公司签订合同后，平台还会提供免费的监理服务，即验收每阶段的装修成果；而网络跳蚤市场一般是指 58 同城和赶集网等平台，这些平台上的信息量较大，但针对性不强

（2）选择合适的装修公司

由于办公场地的用处和人员对办公环境的需求不同，所以装修风格也会有差异，预算成本也会在一定程度上限制我们选择装修公司。找到合适的装修公司包括如图 3-2 所示的三大步骤。

【第一，确定装修需求】创业者（公司创始人）要考虑办公场地的各项需求，如要营造什么样的工作氛围？要装修成典雅、质朴还是清新的风格？要安装多少盏灯？墙壁是否需要挂东西？需要安装多少个电源插线孔？是否需要看起来有很大的感觉。

【第二，双方商量装修预算】根据自己的想法制订装修预算计划，并将预算计划告知装修公司，在这过程中，公司也要挑选合意的装修公司，挑选的装修公司一定要有信誉（可查看公司的相关证件和资质凭证等，还可去装修公司办公地查看），最好有水电工程和墙面工程的售后服务。

【第三，签订装修合同】双方商定好后要谨慎签订装修合同，明确双方的责任、义务和违约条款等。

图 3-2　选择合适的装修公司的三大步骤

No.**23**
新公司成立需要哪些证照

新公司成立的过程比较烦琐，要办理的手续也很多，为了能够顺利成立公司，创业者需要系统地了解新公司成立需要的证照，避免公司成立相关环节的工作做得不到位。

新公司的成立离不开各种各样的证照的申请和办理，为了将成立公司的手续理清楚，创业者要系统全面地了解公司成立需要的证照。

（1）企业营业执照正本、副本和电子营业执照（部分地区已取消）

企业或组织合法经营权的凭证，其登记事项为：名称、地址、负责人、经营范围和经营期限等内容。营业执照的正本和副本有相同的法律效力，正本应当置于公司住所或营业场所的醒目位置，如图 3-3 所示。

图 3-3　营业执照正本（左）和副本（右）

（2）组织机构代码证正本、副本和代码 IC 卡

组织机构代码证正本、副本和代码 IC 卡是各类组织机构在社会经济活动中的通行证，按照强制性国家标准 GB11714《全国组织机构代码编制规则》编制，由八位数（或大写拉丁字母）本体代码和一位数字（或大写拉丁字母）校验码组成。代码包含的信息有机构名称、地址、类型、经济性、行业分类、规模及法人代表等，如图 3-4 所示。

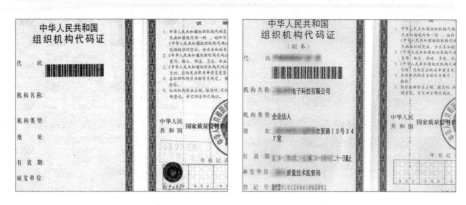

图 3-4　组织机构代码证正本（左）和副本（右）

（3）税务登记证正本和副本

从事生产、经营的纳税人向生产、经营地或纳税义务发生地的主管税务机关申报办理税务登记时所颁发的登记凭证，如图 3-5 所示。

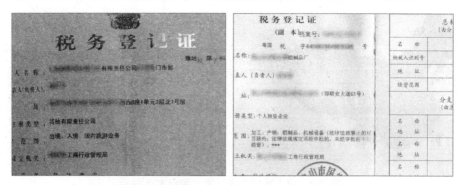

图 3-5　税务登记证正本（左）和副本（右）

（4）公章、法人章、财务专用章和发票专用章

公章是指机关、团体和企事业单位使用的印章，一般都为圆形，中

外合资与外商独资经营企业的公章为椭圆形；法人章实质上就是公章；财务专用章又称为财务印鉴章，有圆形、正方形和椭圆形 3 种，正方形的财务专用章在对外使用时需要备案；发票专用章是指在领购或开具发票时加盖的印章，印章印模里含有公司单位名称和税务登记号等信息，发票单位和个人按税务机关规定刻制，如图 3-6 所示。

图 3-6　公章（左）、财务专用章（中）和发票专用章（右）

（5）银行开户许可证

银行开户许可证是由中国人民银行核发的一种开设基本账户的凭证，凡在中华人民共和国境内金融机构开立基本存款账户的单位，可凭此证办理其他金融往来业务，如图 3-7 所示。

图 3-7　银行开户许可证

提示

外资公司注册完成后的证照要更多一些，比如，批准证书、统计证和财政登记证等。而对于企业经营范围内有特殊行业或产品的，还需要办理行业审批许可证。

No.24
注册公司的流程和
途径是什么

作为创业者，要掌握最基本的常识就是注册公司的流程和途径，否则做生意就是一句空话。

了解注册公司的流程和相关途径可以帮助创业者快速地建立起公司，避免做重复的事情，达到事半功倍的效果。

（1）注册公司的流程

正规的公司必须要完成注册这一过程，否则将被视为不合法经营，那么注册公司的流程是怎样的呢？

● **查名**：准备 5 个以上的公司名称到工商局核名。

● **刻章并开户验资**：到刻章厂刻一套章，分为公章、财务章、法人章和合同章，同时到银行开立验资户并存入投资款。

● **申请营业执照**：创业者前往工商所核实签字，整理资料办理营业执照。

● **申请组织机构代码**：整理资料到质量技术监督局办理公司组织机构代码。

● **申请税务登记证**：整理资料到国税局办证处办理国税证，到地税局办证处办理地税证。

- 办理基本账户和纳税账户：到开立验资户的银行或其他银行开设公司基本账户和纳税账户。

- 办理报税事宜：公司会计整理资料到国地税务分局办理公司备案及报税事宜，如办理税种登记、税种核定、印花税业务、纳税人认定、办税员认定及发票认购手续等。

（2）注册公司的途径

不同类型的公司，其注册途径都是大同小异，下面以有限责任公司的注册途径为例讲解。

申请注册有限责任公司时，申请人除了直接到企业登记场所提出申请外，还可以通过邮寄、传真、电子数据交换和电子邮件等非固定形式提出，但这些形式有一定的要求和限制。

- 申请人以非固定形式申请行政许可所提交的格式文本，应当使用当地工商行政管理局提供的申请书格式文本。

- 以非固定形式提出行政许可的，申请人应当在提交资料的同时，提供申请人或经申请人依法委托的代理人翔实的联系电话、通讯地址、电子邮箱和委托文件等。

- 申请人以信函的方式向工商行政管理机关的行政许可机构提出申请的，应当有申请文件和相关证件的原件，申请文件的签字盖章应当真实有效。

No.25
办理公司的核心步骤有哪些

公司的注册过程有主次之分，一些核心步骤会比较烦琐，需要做的事情也比较多。

　　注册公司的过程中，有些步骤是创业者不能马虎大意的，这些步骤是公司注册事宜的核心。

（1）办理验资

　　凭会计师事务所出具的银行询证函选择银行开立公司验资户。公司代表携带出资比例等额资金、工商核名通知书、法人代表和其他股东的私章、身份证及空白询证函表格，到银行开立公司验资账户。银行发放缴款单并在询证函上盖章。

提示

公司法规定，注册公司时投资人（股东）必须缴纳足额的资本，可以货币形式（人民币）出资，也可以实物（如汽车、房产和知识产权等）出资。到银行办的只是货币出资，若有实物出资的，需到资产评估机构鉴定其价值后出具评估报告，再以其实际价值出资。

（2）申请公司营业执照

　　申请人在提出办理营业执照以后并不能马上拿到营业执照，需在受理后 5 个工作日领取。以有限责任公司设立登记为例，列举其所需要的文件和证件。

- 《企业设立登记申请书》，内含《企业设立登记申请表》、《单位投资者（单位股东、发起人）名录》、《自然人股东（发起人）、个人独资企业投资人、合伙企业合伙人名录》、《投资者注册资本（注册资金、出资额）缴付情况》、《法定代表人登记表》、《董事会成员、经理、监事任职证明》及《企业住所证明》等表格。

- 公司章程（提交打印件一份，请全体股东亲笔签字；有法人股东的，要加盖该法人单位公章）。

- 法定验资机构出具的验资报告。

- 《企业名称预先核准通知书》及《预核准名称投资人名录表》。

- 股东资格证明和《指定（委托）书》。

- 公司经营范围涉及前置许可项目的，应提交有关审批部门的批准文件。

（3）办理代码证

申请人申请办理组织机构代码证，质量技术监督局将在受理后的 4 个工作日发放给申请人，以下是办理代码证需要提供的资料。

- 营业执照的副本原件和复印件，还有单位公章。

- 法人代表身份证原件及复印件（非法人单位提交负责人身份证原件及复印件）。

- 集体、全民所有制单位和非法人单位提交上级主管部门代码证书复印件。

- 单位邮编、电话、正式职工人数。

- 经办人身份证原件及复印件。

（4）办理税务登记证书

办理税务登记证书有一定的期限，一般自领取营业执照之日起 30 日内办理。办理税务登记证书时要提供的材料如下。

- 营业执照的副本原件和复印件。

- 企业法人组织机构代码证书原件及复印件，个体经济可不报送。

- 法人代表身份证原件及复印件。

- 财务人员身份证复印件，个体经济可不报送。

- 公司或企业章程原件及复印件，个体经济可不报送。

- 房产证明或租赁协议复印件。

- 各种印章。

- 从外区转入当前地区的企业，必须提供原登记机关完税证明（纳税清算表）。

● 税务机关要求提供的其他有关材料。

No.26
公司注册的各流程
需要多少时间

> 掌握公司注册各个流程大概需要的时间，可以有效提高创业者对准备开公司找办公场地等事务的办事效率，也能帮助创业者及时办理一些重要的文件和证件。

从给公司查名开始，一直到公司正式成立的期间，各个环节所需要的时间各不相同，有些甚至有时效性。创业者要牢记这些时间，防止因为错过办证时间耽误公司的成立和发展。

● 公司查名：注册公司时的查名时间在 5 个工作日左右。

● 开验资账户及验资：公司在开设临时账户后，股东需要将注册资本打入账户，并由会计师事务所验资，大概需要 3~5 个工作日。

● 办营业执照：提交工商注册资料到营业执照办理下来，工商局规定的时间是 5 个工作日，而外资企业办理营业执照需要 10 个工作日。

● 刻章：营业执照审批下来后，公司创始人需要刻公司公章、财务章及法人章等印章，这个一般只需一个工作日就能完成。

● 办理组织机构代码证：提交注册所需资料到组织机构代码证颁发，一般需要 1~3 个工作日。

● 办理税务登记证：税务登记证一定要在领取营业执照之日起 30 日内办理，期限一过再办理会很麻烦；税务登记证的办理时间一般为 6~10 个工作日。

● 开设银行基本账户：该事项一般由申请人自行控制，但一般只需 3 个工作日就能办好。

提示

若公司经营范围涉及特殊行业，还需办理行业许可证，各行业的许可证办理所需时间没有统一标准。注册外贸公司还需办理进出口备案手续，所需时间在 30 个工作日左右，因其涉及到外经委审批及办理统计、外汇和财政等事宜，所以需要的时间比内资公司要长。

No.27
哪些行业的公司需要前置审批

> 有些行业或经营活动的特殊性，导致公司要先获得有关部门的审批才能申请办理营业执照。为了不走冤枉路，创业者需要了解哪些行业的公司需要前置审批。

前置审批是指在查完公司名称后办理营业执照前需要先去有关部门审批，审批通过后才能办理工商营业执照。如表 3-3 所示的是 2016 年 6 月调整的工商登记前置审批事项。

表 3-3　2016 年 6 月调整的工商登记前置审批事项

项目名称	实施机关
证券公司设立审批	证监会
烟草专卖生产企业许可证核发	国家烟草专卖局
烟草专卖批发企业许可证核发	国家烟草专卖局或省级烟草专卖行政主管部门
民用爆炸物品生产许可	工业和信息化部
爆破作业单位许可证核发	省级、设区的市级人民政府公安机关

续表

项目名称	实施机关
民用枪支（弹药）制造、配售许可	公安部、省级人民政府公安机关
制造、销售弩或营业性射击场开设弩射项目审批	省级人民政府公安机关
保安服务许可证核发	省级人民政府公安机关
外商投资企业设立及变更审批	商务部、国务院授权的部门或地方人民政府
设立典当行及分支机构审批	省级人民政府商务行政主管部门
设立经营个人征信业务的征信机构审批	中国人民银行
卫星电视广播地面接收设施安装许可审批	新闻出版广电总局
设立出版物进口经营单位审批	新闻出版广电总局
设立出版单位审批	新闻出版广电总局
境外出版机构在境内设立办事机构审批	新闻出版广电总局、国务院新闻办
境外广播电影电视机构在华设立办事机构审批	新闻出版广电总局、国务院新闻办
设立中外合资、合作印刷企业和外商独资包装装潢印刷企业审批	省级人民政府新闻出版广电行政主管部门
设立从事出版物印刷经营活动的企业审批	省级人民政府新闻出版广电行政主管部门
危险化学品经营许可	县级、设区的市级人民政府安全生产监督管理部门
新建、改建、扩建生产、储存危险化学品（包括使用长输管道输送危险化学品）建设项目安全条件审查；新建、改建、扩建储存、装卸危险化学品的港口建设项目安全条件审查	设区的市级以上人民政府安全生产监督管理部门；港口行政管理部门
烟花爆竹生产企业安全生产许可	省级人民政府安全生产监督管理部门
外资银行营业性机构及其分支机构设立审批	银监会

项目名称	实施机关
外国银行代表处设立审批	银监会
中资银行业金融机构及其分支机构设立审批	银监会
非银行金融机构（分支机构）设立审批	银监会
融资性担保机构设立审批	省级人民政府确定的部门
外国证券类机构设立驻华代表机构核准	证监会
设立期货专门结算机构审批	证监会
设立期货交易场所审批	国务院或证监会
证券交易所设立审核、证券登记结算机构设立审批	国务院
专属自保组织和相互保险组织设立审批	保监会
保险公司及其分支机构设立审批	保监会
外国保险机构驻华代表机构设立审批	保监会
外航驻华常设机构设立审批	中国民航局
通用航空企业经营许可	民航地区管理局
民用航空器（发动机、螺旋桨）生产许可	中国民航局
快递业务经营许可	国家邮政局或省级邮政管理机构

　　国家为了助力创新创业，升级"中国制造"，在逐渐缩减前置审批，推行投资项目网上核准，释放投资潜力、发展活力。

No.28
公司商标怎么注册

> 许多人不了解公司商标的注册流程和所需资料等知识，接下来我们就来学习怎样注册公司商标。

商标也是品牌，是知识产权相当重要的一环。商标由文字、图形、字母、数字、三维标志和颜色组成。上述要素的组合均可作为商标申请注册，经国家核准注册的商标为"注册商标"，受法律保护，商标使用人一旦获准商标注册，就标志着它获得了该商标的专用权。

（1）公司商标注册的流程

公司注册商标有一定的程序，企业一般不会直接将相关资料递送给国家商标局，其流程如图 3-8 所示。

企业准备好要注册的 LOGO 图样和公司营业执照复印件，并将这些资料交付给知识产权代理机构。

知识产权代理机构准备代理委托书和申请书等相关资料。

知识产权代理机构将相关资料递交给国家商标局。

国家商标局审查知识产权代理机构递交的企业的相关资料。

审查完毕后，国家商标局对此商标进行公告，说明商标的合法性和商标专用期限等情况。

国家商标局向企业颁发商标注册证。

图 3-8　公司商标注册的流程

（2）申请商标的两种途径

我们国家申请商标有两种常见的途径：通过国家商标局注册大厅的窗口进行申报和通过国家商标局备案的商标代理机构进行申报。公司申报商标需提供公司营业执照的副本复印件，并在申报材料上盖公章。申报商标可以自行到国家商标局网站（中国商标网）进行查询。

提示

公司派自己的员工提交商标注册申请是可以的，但这并不叫"委托员工"，员工只需带齐资料去商标局大厅办理业务即可。另外，商标的有效期一般为10年，到期后要续费保证。

No.29
公司信息发生变更
一定要登记吗

我们要明确，不是所有有关公司的信息发生变更都要进行登记的，有些不影响公司实质、公司经济结构和组织结构的信息发生变更就不需要登记。那么公司具体哪些信息的变更需要登记？哪些不需要登记？

公司一些重要的信息发生变更时，只有进行过变更登记才具有法律效力，所以公司信息的变更登记不容忽视。但有些信息不需要变更登记也就没必要枉费时间做无用功。

（1）公司信息变更需要登记的事项

关系着公司的名誉、结构、经济实力及相关证件等的有效期变动时需要进行变更登记。

● 公司名称、住所、经营范围和经营期限

公司名称变更需要进行变更登记。需要提交公司法定代表人签署的《公司变更登记申请书》（公司加盖公章，注明具体委托事项、被委托人的权限和委托期限）、公司签署的《指定代表或共同委托代理人的证明》（公司加盖公章）及指定代表或委托代理人的身份证复印件（本人签字）、公司章程修正案或新修订的公司章程（公司法定代表人签署）、《企业名称预先核准通知书》、新住所证明资料、公司营业执照正副本及股东决定。未注明提交复印件的要提交原件，提交复印件时要注明"与原件一致"的字样并由股东加盖公章或签字。

● **法人股东**

法人股东发生变更需要进行变更登记。需要提供的资料有《公司变更登记申请表》、公司章程修正案（全体股东签字、盖公章，还要载明董事长、执行董事、经理及监事是否调整）、股东会决议（全体股东签字、盖公章）、法定代表人登记表（公司新法人简历）、法定代表人身份证、公司执照正副本（原件）、全体股东身份证（原件）、公司公章及法人暂住证（原件）。

● **注册资金变更**

公司注册资金的变更需要进行变更登记，且分为减资和增资两种变更，两者变更需要提供的资料有所不同。

提示

减资变更需要提交投资者申请书（原件）、企业董事会决议原件（需董事会一致通过）、股东各方关于减资的协议原件、股东各方法定代表人签署的合同及章程修改协议（非独资企业）或章程修改决定（独资企业）、经中国注册会计师验证的审计报告原件、国地税部门出具的正常纳税情况证明原件、债务清偿或债务担保情况的说明原件、省级以上报纸减资公告原件、通知债权人回执原件、验资报告复印件、上年度经审计的企业财务报表、营业执照复印件、批准证书原件、原企业章程和批复及审批机关需要的其他材料。增资变更需要提供的材料有公司法定代表人签署的《公司变更登记申请书》、股东会关于增加注册资本的决议、公司章程修正案或新的章程、具有法定资格的验资机构出具的验资报告和高新技术成果出资协议作价的协议书及营业执照正副本原件，公司增加新股东的，提交新股东的法人资格证明或自然人身份证明。

● 出资方式和时间

出资方式和时间变更要进行变更登记，办理机构为当地行政审批中心工商局登记窗口。申请人需提交的资料包括公司名称变更需要的资料，另外还需提供出资时间方式变更的批准文件或许可证书复印件。另外，以股权出资的还需提交《股权认缴出资承诺书》。

● 股权转让变更登记

股权转让需进行变更登记，有限责任公司股东转让股权要在转让股权之日起 30 日内申请变更登记。

申请人需要提供的资料有法定代表人签署的《公司变更登记申请书》、公司签署的《公司股东（发起人）出资情况表》、公司签署的《指定代表或共同委托代理人的证明》、委托代理人的身份证复印件、有限责任公司股东会决议、股权转让协议或股权交割证明、新股东的主体资格证明或自然人身份证明、公司章程修正案、有关批准文件或许可证书复印件及公司营业执照副本。

提示

有限责任公司未就股东转让股权召开股东会的，或股东会决议未能由全体股东签署的，应当提交转让股权的股东就股权转让事项发给其他股东的书面通知和其他股东的答复意见；其他股东未答复的，需提交拟转让股东的说明。

（2）公司有些股权转让不需要进行变更登记

前面虽然提到了股权转让要办理变更登记，但还有一些股权转让是不需要进行变更登记的，内容如下。

● 有限责任公司内部股东之间不引起股东名称发生变化的股权转让不需要办理工商变更登记。

● 所有非上市股份有限公司的股权转让也不需要办理变更登记。

No.30
什么情况下公司会被自动注销

> 创业者成立了自己的公司以后，不要以为自己不注销，公司就会一直存在。当公司符合了一定的不良条件时，公司也可能会自动注销。

很多人都以为公司一旦成立了，除非创始人申请注销公司，否则公司是会一直存在的。这样认为就错了，公司在一定的条件下是会自动注销的，所以创业者要提高警惕。具体情况如下。

- **公司不主动年检**：一般情况下，公司在进行年检时会对营业执照进行年检。公司如果不主动进行年检，且在被通知后也拒不年检，那么公司的营业执照将会自动注销。公司没有了营业执照，自然就不能继续经营，公司也就顺势自动注销了。

- **公司3年不报税**：公司如果不去税务局报税，税务局就会停用公司的税务登记证。公司在3年内将不再有资格成为公司法人，3年以后才能重新具备资格成立公司。

- **不参加换证可能被注销**：公司的相关证件满足换证条件或到了换证时间却不去换证的，由于证书失效或态度恶劣，会被相关机构列为非正常用户，有被注销的可能。

- **公司违法构成被注销条件**：公司经营活动违反了法律，构成了注销条件的，也会被注销。一般违法行为构成犯罪的，公司自动注销的可能性很大。

提示

虽然很多情况下，公司不会触及法律边界导致违法被注销，但公司也不能因此放松对自身的约束。不要等到真正触及法律底线时，再想继续经营自己的事业将没有太大的可能。

——— 创业百问——新手开公司前需了解的事 ———

第4章

公司成立后如何做好
人事与行政管理

公司成立后，人事与行政的管理工作关系着公司能否顺利运行，尤其是合伙开公司，更是要明确每个合伙成员的责任和义务。如何做好公司的人事与行政工作将成为公司最需要考虑的问题。

No.31
新公司的部门该如何设置

> 公司的经营包含了各种各样的工作内容，比如销售、财务及员工管理等方面。为了能够明确划分不同员工的工作内容，提高工作效率，公司一般会分成很多个部门，那么新公司要怎样设置这些部门呢？

新公司在设置职能部门时要注意，分工要明确，而且设置的部门不宜过多。具体设置方法可以参考以下几点。

（1）要因为工作需要设置部门

新公司不能为了结构而设置部门，因为公司刚成立不久，有些部门的工作还没有涉及，设立了就是白忙活。为了充分利用各部门的职能，公司要根据工作切实需要设置部门。

比如，新公司会涉及业务推广，可以设置销售部或业务部；会涉及人员的招聘和管理，可设置人事部；会涉及资金工资的管理和发放，可设置财务部；有些公司的产品技术性很强，还可设置技术工程部；若是想快速发展，还可以设置市场部推广市场。

（2）从公司每月开支预算来设置部门

新公司刚成立，用于运转的资金并不多，且承受风险的能力也较弱。为了减轻公司的负担，在设置部门时要计算每个部门每月的开支，若现有部门的总预算在可承受范围内，则可继续当前的部门设置；若总预算超过了公司的承受范围，公司方就要对现有的部门进行调整，减少不必要的部门。

比如，新公司刚成立，人员在 15 人以内的情况下可以不设置人事部，安排一人进行人事管理，一人负责财务管理，其余的人员可以按工作内容的需要分配到不同的部门。

（3）设置有绩效盈利点的部门

公司刚成立，需要通过盈利来支撑公司后期的发展。因此公司是否盈利是一个关键性问题，在设置部门时也要考虑到这一点。比如，新公司想要设置后勤部管理公司的杂务，但考虑一下，新公司接手的业务并不会很多，要做的事情也比较少，通过其他部门的分工合作就能完成，后勤部的工作就会很少，如果设置此部门，很可能浪费资源，不但不能给公司带来盈利，反而会增加公司的成本负担。

（4）与业务有关的部门是不能少的

公司的发展是靠业务维持的，有了业务才有盈利的可能，公司的经营才会正常运作，因此与业务有关的部门是不能少的。比如销售部、市场部或业务部等，这 3 个部门在刚成立阶段可只设其中一人进行公司业务的拓展。业务人员也要适当地多一些，为的就是快速提升公司业绩，打开公司的销售市场，为公司赢得尽可能多的收益。

No.32
适合新公司的招聘途径有哪些

公司成立以后，一件最重要的事就是招聘为公司做事的员工。但现在有一个困难摆在公司面前，有些招聘渠道的效率不高，招到的人员质量也不好。那么什么样的招聘途径才适合新公司呢？

对于初创公司来说，没有太多的资金可以耗费在寻找员工的事情上，因此急需要了解适合新公司的招聘途径来提高人员招聘的效率，这样才能减轻新公司的财务负担。

（1）网络招聘

网络招聘，顾名思义就是通过网络来招聘公司需要的人才。这种方法需要投入的成本比较低，且速度快，覆盖面比较广，是最适合新公司招聘人才的途径。目前我国比较受大家青睐的网络招聘网站有智联招聘、应届生求职网及前程无忧等。公司只需要在这些网站上注册账号，填写公司信息和招聘信息，最后发布。成本低，操作简单，省时又省事。

另外还有一些大家熟知的招聘网站，比如 58 同城、中华英才网、应届毕业生求职网、赶集网、地方招聘网（如浙江人才网、南方人才网等）及行业招聘网（中国建筑人才网、中国汽车人才网等）等。一些兼职网也会发布全职工作，但建议公司不要去兼职网上发布招聘信息，因为很容易被各种各样的兼职覆盖。

（2）现场招聘

现场招聘是一种企业和人才通过第三方提供的场地，进行直接面对面对话，现场完成招聘面试的一种方式。现场招聘一般包括招聘会及人才市场两种方式。

招聘会一般由政府及人才介绍机构发起和组织，比较正规，同时，大部分招聘会具有特定的主题，比如"应届毕业生专场"、"研究生学历人才专场"或"IT类人才专场"等，通过这种毕业时间、学历层次和知识结构等的区分，企业可以很方便地选择适合的专场设置招聘摊位进行招聘。对于这种招聘会先对入会应聘者进行资格审核，初步筛选节省了企业大量的时间，方便企业对应聘者进行更加深入的考核。但是目标人群的细分方便企业的同时也带来一定的局限性，如果企业需要同时招聘几种人才，就要参加几场不同的招聘会，在另一方面也提高了企业的招聘成本。

人才市场与招聘会相似，但招聘会一般为短期集中式，且举办地点一般为临时选定的体育馆或大型广场，而人才市场则是长期分散式，同时地点也相对固定。因此对于一些需要进行长期招聘的职位，企业可以选择人才市场这种招聘渠道。

（3）校园招聘

校园招聘是许多企业采用的一种招聘渠道，企业到学校张贴海报进行宣讲会，吸引即将毕业的学生前来应聘，部分优秀的学生可由学校推荐，一些较为特殊的职位也可通过学校委托培养后，企业直接录用。

通过校园招聘的学生可塑性较强，干劲充足。但是这些学生没有实际工作经验，需要进行一定的培训才能真正开始工作，且不少学生由于刚步入社会对自己定位还不清楚，工作的流动性也可能较大。

（4）人才介绍机构

这种机构一方面为企业寻找人才，另一方面也帮助人才找到合适的雇主。一般包括针对中低端人才的职业介绍机构及针对高端人才的猎头公司。企业通过这种方式招聘是最为便捷的，因为企业只需把招聘需求提交给人才介绍机构，人才介绍机构就会根据自身掌握的资源和信息寻找和考核人才，并将合适的人员推荐给企业。

No.33
创业公司如何开展招聘工作

> 很多创业公司成立不久，开展招聘工作时都会一头雾水，不知道怎样才能做好招聘工作。接下来我们就具体学习开展招聘工作的相关内容。

刚成立的创业公司，在人员招聘方面的经验不足，所以需要了解一些关于如何开展招聘工作的知识内容。

（1）创业公司开展招聘工作要注意的点

新成立的创业公司做招聘工作与成立了一定时间的公司有一些区别，想要提高招聘工作的效率，尽量注意如图 4-1 所示的要点。

花更多的时间做招聘

绝大多数创业者几乎都不愿意花足够的时间在招聘上。在搞清发展远景并找到可行的商业模式后，创业者就应该开始花 1/3 到 1/2 的时间来进行招聘。最棒的公司和最棒的人才总是相辅相成的。

招聘前了解相关岗位要做的事

如果负责招聘的人都不懂这个职位的职责，想要获得合适的人才会非常困难。典型的例子是一个黑客 CEO 决定雇佣一位销售 VP（销售副总裁），因为他不想花太多时间在销售上。事实上他应该亲自去做一下这件事情并且从细节上了解它。此后他才能在董事会上说服大家为什么要招聘这个人来做这件事。

招聘要主动出击

不要把你找面试候选人的范围局限在你所在的地区，有时需要我们主动出击，扩展招聘的范围，提高找到合适人才的可能性。

创业早期避免招募远程办公的员工

公司文化是需要靠人来传播的，最好保证每个人都在同一个地方工作，这样才能实现公司文化的传播。另外，远程办公的员工其工作效率和工作态度等是没有办法控制的，这不利于公司业务和其他工作的进行。

尽量长时间开放招聘职位

招聘往往不是想招就能招到的。如果你发现某些人非常适合某些角色，但是那个角色你可能在未来两个月里并不需要，你应该密切关注这些人，这样需要用人的时候也能快速找到人才资源。

图 4-1 创业公司开展招聘工作要注意的点

（2）设立招聘标准，制定招聘程序

花多些时间来搞清楚你的公司文化和价值观到底是什么？每一个

你雇用的人都应该符合或认可公司的这种文化和价值观。创业公司需要的是志同道合的伙伴，多元化的观点和不同的个性特点是好事，但并不适合初创的公司。设立标准的同时还要制定公司的招聘程序来规范招聘工作，将招聘工作具体化。一般招聘工作的流程分为制订招聘计划、开展招聘、应聘、面试及录用等几个环节。

（3）根据招聘计划实施招聘工作

招聘计划中一般包含招聘岗位的类型、职责、需要的人数、应聘者要具备的条件、没有完成预期招聘人数的后备计划、招到合适的人以后进行的面试内容、录取的试用期预期人数、面试成功后人员的培训工作以及合格人员转正工作等。

- 初步筛选确定初试人员：公司派遣人事专员到人才市场或招聘会上选拔人才，根据岗位需求初步筛选符合面试的人，将整理的待面试的人员名单带回公司，及时统一地联系这些人在某个时间到公司面试。

- 进行面试工作：作为公司方要在通知了初试人员后准备好面试的题目和面试时需要的文件，布置面试场地，做好面试的后勤。

- 收集整理符合招聘条件人员的资料：初试结束后，负责面试的人员要将最符合招聘条件的人进行筛选，整理资料。

- 进行复试：如果在初试环节确定的人数超过了公司预期招聘人数很多，那么就考虑进行复试。若是超过的人数不多或不够预期人数，根据公司的实际情况决定是否进行复试或是否再招。

- 签试用合同并进行岗位培训：通过面试选拔好的人才将进入公司的试用期阶段，公司与其签订试用期合同，准备员工试用期的工作安排计划。公司要充分利用试用期对人才进行质和量的考核，全方位了解试用期员工的工作态度、素质和能力。同时，公司还要尽最大努力给试用期员工进行岗位培训。

● 签订正式合同进入正式工作：公司在试用期过后，决定试用期人员的具体去留情况，留下的人与公司签订正式劳动合同并进行正式的岗位工作。公司对不符合要求的人员也要进行谈话，说明不能胜任岗位的原因。

No.34
怎样面试并挑选出适合的员工

选拔公司所需要的人才，最重要的是面试环节。面试人员要用正确的或得当的方法来衡量前来面试的人的能力，进而挑选出最合适、公司最需要的员工。

找过工作的人其实都清楚，现在大部分的公司，面试形式和内容都是千篇一律的。很多时候招到的人都不太能适应应聘的岗位，工作效率低，工作没有激情。要怎样面试才能为公司挑选出适合的员工呢？

（1）准备应聘申请表

公司方准备应聘申请表，这是面试过程中最基本的资料收集工作。该申请表中不能只涉及一些应聘者的基本信息，还要有其他能体现面试者能力的问题，这些问题不必太多，否则会使应聘者感到反感，每个方面只需设置一个比较有代表性的问题即可，如表 4-1 所示。

表 4-1　面试题类型

题型	说明
专业知识测试	公司在招聘专业性比较强的岗位的人才时，要对其专业知识设置一个具有代表性的问题。比如，招聘财务人员，可设置与财务核算方面有关的知识；招聘软件工程师时，可以设置一道关于某个程序的设计思路的问题等

续表

题型	说明
智力测试	所谓的智力测试并不是一定要测试应聘者的智力水平是多少，公司要做的就是出一道题考察应聘者的随机应变能力和解决问题的方法。在智力测试中，人事专员要留意应聘者对待某件事的态度，从而判断应聘者的职业素质
人格测试	一个人能力不强还能提高，要是人格出现问题就难办了。公司要找的是与公司共同发展、共同进退的员工，而不是只顾眼前利益随便敷衍了事的人。在这个过程中，人事专员要对应聘者的性格进行分析和判断，不是很准确没关系，只要能清楚其中一些明显的性格即可
职业倾向测试	虽说很多人都在灌输这样的"心灵鸡汤"——干一行爱一行。可真正能够做到干一行爱一行的人又有多少呢？通过实践可以发现，很多人是因为喜欢当前的工作，所以才有激情为公司办事儿，上班儿时才有动力。所以作为公司方，在招聘时要考察应聘者的职业倾向，了解求职者的真实想法，这样才能做出准确的决定

提示

工作效率的高低除了与个人的工作能力有关外，还与员工的身体素质有关。经常生病的人，即使工作能力再强也会影响工作，所以很多企业在员工入职前都要求进行体检。作为公司方，可以询问应聘者运动的频率或是喜欢什么运动。

（2）面试要像聊天

很多公司为了显示自身的正规性和高端大气上档次的形象，总是在面试时很严肃，从面试开始到面试结束问的问题总是带着一些专业术语，这会使应聘者感到局促不适应，表达不清楚他们真正的想法，反馈给公司的也就不是最真实有效的信息。

所以，公司的人事专员在面试求职者时可适当舒缓面试气氛，最好能把面试当成双方聊天交流的机会。以真诚的态度对待求职者，求职者同样也会以最真实的面貌面对面试官，从而表达出自己真实的想法。

● 聊天聊什么，聊多久

面试官要在短时间内介绍公司的现状、前景和相关岗位的人员需求，然后在大概 3 分钟的聊天时间里与求职者聊这个岗位平时做什么，会发生一些什么有趣的事，会遇到什么困难。在这过程中也要适时地让求职者谈自己对这个岗位工作的理解，认为该岗位是做什么工作的等。

● 问什么，怎么问

既然是面试，不能仅仅聊天，还要有面试双方的互动，采用你问我答的方式。面试官在进行公司基本信息的阐述后可以询问求职者有什么不明白的地方，从求职者的回答中找到有用的信息再次将问题抛给求职者。比如，求职者问公司的福利待遇是怎样的？面试官在回答了求职者的问题后可以继续问求职者他自己对福利待遇的要求或想法。这样你来我往的交流不仅将问题说清楚，而且能真正得知求职者的需求。

（3）面试玄机

面试时也有一定的方法和技巧，面试官可以参考以下面试玄机。

● 待遇最好尽早申明

应聘者第一关注招聘职位的待遇，第二是自己能不能胜任该职位的工作，第三才是岗位要求，自己适不适合。所以面试官最好在面试的前 3 分钟将薪水待遇等常规问题告知应聘者，或在招聘广告中告知应聘者，免得应聘者不好意思追问而绕来绕去，这不是俗，而是对面试双方负责。

● 吹牛大王不能招

应聘者在面试时吹牛，夸下海口，有很多能力，有很多资源关系，能完成多少销售任务等，面试官最好不要招这样的人。虽然这些人很会聊天，可能人际交往能力很强，但公司需要的是踏实做事的员工，不是只会纸上谈兵的人。作为面试官，要看求职者做过什么、做成过什么及怎么做成的。做过什么是经验，做成过什么是能力，怎么做成的是思维方法。

● 最好的不一定适合

很多公司都喜欢录取面试成绩或印象最深刻的人进公司。比如，面试后共有 10 位合格者，需要录取 4 位，很多公司就会录取面试成绩前四名的人。但实践操作经验证明，最好不录取前两名，要录取排在第三名及以后的人。为什么呢？因为好的大家都在抢，录取最好的进公司，公司试用求职者的同时，求职者也在试用企业，谁都可以炒对方鱿鱼。一旦这些人对公司的待遇或工作性质不满意，就很有可能离开公司。

No.35
如何管理试用期内的员工

> 试用期内的员工是公司的重点考核对象，同时试用期员工也会考核公司，衡量自己是否适合现在的工作，判断自己是否在试用期过后留在公司。作为公司方要如何管理试用期内的员工，留住人才呢？

公司对试用期内的员工进行管理，不仅要考核适应公司工作和发展的人的能力，还要筛选出不适合公司的人员。有时还会将一些有潜力的员工培养成适合公司发展的人才。

（1）确定员工试用期期限和薪酬待遇

根据《劳动合同法》，新员工被录用后，试用期一般为 1～3 个月（最长不超过 6 个月）。劳动合同期限 3 个月以上不满一年的，试用期为一个月；劳动合同期限一年以上不满 3 年的，试用期不超过 2 个月；3 年以上固定期限和无固定期限的劳动合同，试用期不超过 6 个月；以完成一定工作任务为期限的劳动合同或劳动合同期限不满 3 个月的，不得约定试用期。

对于一些操作类、流动性大的岗位，如操作工和技工等，试用期可以约定 1～2 个月；对于一般管理人员可约定 3 个月的试用期；对于高级经理人员，情况比较复杂，要测试出经理人的工作态度、方法和结果，一般来说一个月左右就差不多了，但如果要测试出经理人的职业毛病和价值观取向等，一个月的时间是不够的，外向的人大概需要 3 个月，内向的人大概需要 6 个月，善于隐藏的人往往需要一年的时间才行。

试用期员工的薪酬待遇根据公司的实际情况决定，但都不能低于当地在职员工的人均最低工资，一般核算时间从到岗工作日开始计算。有时公司会根据新员工在试用期内的表现决定减少试用期提前转正或延长试用期到认为适合转正时再转正。

（2）试用期员工的日常管理

经面试后确定录用的新员工，入职时应携带毕业证、身份证及所有的职业技能等级证书原件到行政人事部报到，由行政人事部安排新员工入职培训，新员工参加完入职培训后带着《试用通知单》到所在部门报到，试用期正式开始。

- 对试用期员工也要进行考勤工作。

- 用人部门负责人要指定指导人为新员工交接并指导工作。

- 用人部门负责人要主动和新员工就工作和生活方面的情况进行沟通，了解员工的思想动态，及时解决存在的问题。

- 根据公司具体情况规定试用期内员工的累计事假天数，试用期时间按照请假时间顺延。

- 根据公司实际情况规定试用期内员工的累计病假天数，员工如果不能提交医院证明的要按什么样的结果处理等。

- 公司明确试用期员工是否可以请丧葬假和婚假，各自的天数限制是怎样的。

● 新员工的试用期满后，公司要及时办理转正或离职手续。

（3）试用期培训工作

试用期的培训工作可根据公司自身的发展情况来进行，小型的公司可能只需要对员工进行一些简单的培训，而大型的公司或者对技术性要求很高的公司，其培训所需要的时间就会长一点。试用期的培训工作一般有两种：入职培训和岗前培训。

● 入职培训：入职培训一般由行政人事部组织实施，培训内容包括公司文化、规章制度、公司的组织结构及公司的发展前景和目标。

● 岗前培训：岗前培训由新员工所在部门领导或有较丰富的工作经验的员工、主管、专业技术人员、技术工人或岗位能手进行培训，有时也可以是公司专门的讲师。岗前培训的内容包括引导新员工熟悉工作环境、熟悉该岗位的工作流程和操作流程、该岗位需要的操作技能，以及在平时的工作中给予新员工的指导和帮助等。

（4）试用期员工转正、辞职、辞退和特殊情况管理

试用期内，员工可能自行辞职或被公司辞退；试用期满后也有转正和离职的情况，还有一些特殊情况需要公司处理。

● 转正考核与管理：公司领导人及部门负责人组成考核小组对试用期满的员工进行转正考核，包括对员工的行为规范、岗位技能和综合素质进行考核。一般要在新员工的试用期满前 10 天开始进行考核和面谈，必要时还可以进行实操考核，最后结合考核结果和员工的转正申请决定员工是否转正或停止试用并辞退。员工在申请转正时要填写的表格和资料等视公司情况而定。

● 员工辞职和公司辞退：试用期内员工辞职的，公司不用支付任何经济补偿，但根据员工的表现决定是否挽留员工；试用期不符合录用标准的员工，公司可将其辞退，是否进行经济补偿要根据公司自身情况而定。

● 特殊情况管理：在试用期内，员工可能出现违规或不符合岗位要求的情况，此时公司可能做出提前结束试用期并辞退，或者在试用期结束后将员工转岗的决定。

No.36
劳动合同该怎么签

> 劳动合同的签订标志着劳动者和用人单位确立了劳动关系，员工和公司双方对对方有了责任和义务。为了更好地明确双方的权利和义务，劳动合同要怎么签呢？

　　劳动合同的签订涉及公司和员工的利益问题，所以公司和员工要引起高度的重视。双方在签订合同的整个过程中都要有明确的意识和清醒的头脑，了解签订劳动合同涉及的各个方面。

（1）明确劳动合同应该包括的基本内容

　　公司与员工双方都要在正式签订劳动合同之前明确劳动合同应该包括的基本内容，这样是对双方的负责。

● 期限：法律规定合同期限分为 3 种：有固定期限，如 1 年、3 年等；无固定期限，合同期限没有具体时间约定，只约定终止合同的条件，无特殊情况，这种期限的合同应存续到劳动者到达退休年龄；以完成一定的工作任务为期限。例如，劳务公司外派员工去另一个公司工作，两个公司签订了劳务合同，劳务公司与外派员工签订的劳动合同期限是以劳务合同的解除或终止而终止。用人单位与劳动者在协商选择合同期限时，应根据双方的实际情况和需要来约定。

提示

劳务合同与劳动合同不同，劳务合同的主体具有广泛性，可以是法人、组织或公民个人，但劳动合同仅限于用人单位和雇佣者。劳务合同的签订可能会涉及第三方的利益。

- **工作内容：**双方约定工作数量、质量，劳动者的工作岗位等。

- **劳动保护和劳动条件：**可以约定工作时间和休息、休假的规定，各项劳动安全与卫生的措施，对女工和未成年工的劳动保护措施与制度，以及用人单位为不同岗位劳动者提供的劳动和工作的必要条件等。

- **劳动报酬：**约定劳动者的标准工资、加班工资、奖金、津贴、补贴的数额及支付时间和支付方式等。

- **劳动纪律：**一般是用人单位制定的规章制度，可采取将内部规章制度印制成册作为合同附件的形式加以简要约定。

- **劳动合同终止的条件：**这一条款一般是在无固定期限的劳动合同中约定，但其他期限种类的合同也可以约定。需要注意的是，双方当事人不得将法律规定的可以解除合同的条件约定为终止合同的条件，以避免出现用人单位将应当在解除合同时支付经济补偿金改为终止合同不予支付经济补偿金的情况。

- **违反劳动合同的责任：**一般约定两种违约责任，一是一方违约，赔偿给对方造成的经济损失，即赔偿损失的方式；二是约定违约金的计算方法，采用违约金方式应当注意根据职工一方承受能力来约定具体金额。违约是指严重违约，致使劳动合同无法继续履行，如职工违约离职，单位违法解除劳动者合同等。

（2）公司要遵循劳动合同的订立原则

为了让公司和员工顺利签好劳动合同，最基本的就是要制定合法的劳动合同。所以公司和员工在订立合同时一定要遵循合同的订立原则。

- 合法：劳动合同必须依法以书面形式订立。做到主体合法、内容合法、形式合法及程序合法。只有合法的劳动合同才能产生相应的法律效力。任何一方面不合法的劳动合同，都是无效合同，不受法律承认和保护。

- 合同主体地位平等：在劳动合同的订立过程中，当事人双方的法律地位是平等的，任何一方不得对对方进行胁迫或强制命令，严禁用人单位对劳动者横加限制或强迫命令的情况。只有真正做到地位平等，才能使所订立的劳动合同具有公正性。

- 等价有偿：劳动合同明确双方在劳动关系中的责任，劳动者承担和完成用人单位分配的劳动任务，用人单位付给劳动者一定的报酬，并负责劳动者的保险金额。

- 协商一致：在合法的前提下，劳动合同的订立必须是劳动者与用人单位双方协商一致的结果，是双方"合意"的表现，不能是单方意思的结果。

（3）签劳动合同的技巧

在签订劳动合同时可以掌握一些小技巧，这样可以避免合同双方因为合同内容产生争议和纠纷。

- 制定宽泛的岗位概念

在约定工作岗位时可约定较宽泛的岗位概念，也可另外签一个短期的岗位协议作为劳动合同的附件，或约定在何种条件下可变更岗位条款等。掌握这种订立劳动合同的技巧，可以避免因工作岗位约定过死和变更岗位条款协商不一致而发生的争议。

- 看劳动合同的大概结构

签合同双方在签合同时要先看清楚合同的大概结构，要确认劳动合同包含合同期限、试用期限、岗位名称、公司和员工双方的责任与义务、公司和员工双方的违约处理办法及薪资待遇和福利待遇等内容。

● 签合同之前要仔细查看合同内容

很多人为了省事儿，而且觉得公司不会搞小动作，所以在签合同时不留意就随意签名，等到遇到相关的问题时自己就只能吃哑巴亏。一般需要大家仔细查看的是关于公司和员工的责任及违约处理，还有薪资和福利待遇部分。

No.37
如何留住有用的人才

> 一直以来，留住有用人才都是每个公司最难办到的事。有用的人才对公司来说是一笔财富，而这笔财富也很容易丢失。因此要怎么做才能为公司留住有用的人才呢？

为公司留住有用的人才不是一件简单的事情，最好的办法就是对症下药。所以创业者要先了解员工想走的原因，以下内容是员工在不同阶段离职最可能的原因及处理办法。

● 从源头着手降低员工离职可能性

入职一个月离职，与 HR 关系较大。创业公司很难找到比创业者更靠谱的人事专员，很多人事专员在招聘时不注重质量，导致招进公司的人不能在公司长久发展。

所以公司人数不足 100 人时，CEO 或经理一定要亲自插手招聘的事儿，要对每位新员工有一定的了解，招聘时应该尽量避免招收与公司文化不和的人，面试时要真诚待人，不要故意刁难，要有周到的服务，不让面试者久等，帮其打印简历，要据实回答面试者关于薪资待遇方面的问题，对面试者提出的问题要做出直接正面的回答，切忌模棱两可含糊不清。

● 直接上级平时要多关注新员工

企业的每个领导都应该认为留住人才是必要的事儿，哪怕是和自己不熟的其他部门员工。员工在部门工作中难免会有感到不快的时候，但还是选择留在公司的原因之一就是觉得公司整体还不错。而在新员工入职的前 3 个月内，不是每个公司都能让员工感到"还不错"。

因此，新员工在入职后的前 3 个月内，直接上级一定要对新员工多加关照，尽快解决员工的疑惑，好的开始是久留的前提，若是刚入职就感觉一团糟，这将是员工离开公司的前兆。

● 良好的企业文化提高员工对公司的忠诚度

很多时候企业文化里一些小细节能够特别明显地影响员工对公司的好感度，比如工作的自由度，领导会不会三天两头就开会指导怎么做，丝毫不注重员工的尊严？比如工作环境是不是太吵，让喜欢安静的员工难以忍受？如果员工在以后的工作中逐渐认识到企业运作中的黑暗面，就会对公司或者工作产生反感情绪。

所以好的企业文化可以提高员工对公司的满意度和忠诚度，进而留住人才。

● 让员工感受到他们自己有职业晋升的可能

职业晋升有两种形式，涨工资或者升职。一般来说公司不可能随便把一个员工安插到过高的位置，而大多数情况下公司可以通过涨工资，且让员工越来越多地参与管理和决策的方式来达到晋升的目的。

新公司的发展速度较慢，员工想要在一年之内有较大的晋升空间是不可能的，但即使这样，公司的晋升也应该是能直观感受到的。公司可以让优秀员工每隔一段时间得到奖励，不论是涨薪还是其他，重点不在于奖励的内容和力度，而在于让他们看到公司在关注他们的工作并做出了公正的评价。

● 为员工创造发展平台

公司的未来发展受制于公司本身，也受制于行业环境。公司很难改变行业，所以自身要保持正确的前进方向和速度。在大环境实在不行的情况下，公司要试图开展新业务，就算新业务有限，为了给员工成长的机会，也要不断让有余力的员工从事偏创新的工作，如公司的产品研发。

若公司处于发展前端，能够给予员工理想的工资、良好的工作环境及和谐的沟通氛围，如果最杰出的人才总是被放在合适的位置接受有挑战性的工作，那么公司真的就没有必要担心员工会离职了。

No.38
员工的离职问题怎么处理

> 员工的离职就是离开现有的工作岗位，不再待在公司，与公司解除劳动关系。公司要重视员工离职问题的处理，避免日后产生难以解决的争议和纠纷。

员工的离职分为两种，一种是员工主动请辞，一种是公司辞退。不同的离职类型有不同的处理方法和处理程序，具体情况如下。

● **员工主动请辞的处理：** 公司在员工提出辞职申请后，要先了解员工辞职的原因，根据实际情况做出挽留与否的决定。对于坚持要离开的员工，公司就应该果断给员工办理离职手续。若员工从事的是有职业病危害的工作，要在离职前进行健康检查；接着公司要督促其办理工作交接；清查公司财物，清理公司文件资料，清查该员工在职期间是否有欠公司的债务；公司要退换员工证件并结清工资，有需要时还要与离职人员签订竞业禁止协议；公司要向离职人员出具解除或终止劳动合同的证明；最后公司要给离职人员办理档案和社会保险关系转移手续。

- **公司辞退员工的处理：** 这种情况的处理与员工自动请辞的处理大同小异，所有的程序都是一样的，只是公司会在给付给离职人员工资时还要支付经济补偿金。

对于创业公司来说，辞退员工不是一件容易的事儿，为了公司的发展，也为了让被辞退的员工心服口服，公司可按照以下流程辞退员工。

- 评价员工的岗位、待遇和分配到的资源是否与他的工作任务相匹配？公司是否对他提出了过高的要求？如果是，公司方要调整任务而不是马上做出辞退这样的决定。

- 判断员工是能力不足还是消极怠工？若是消极怠工就很可能是人品问题，也可能是公司原因。若是公司原因，公司就要搞清楚其中的缘由并解决问题，反省自己有没有给员工足够的待遇？给员工安排的任务是不是能激起他的兴趣？若是员工自身人品问题，公司最好还是果断辞退该员工。

- 如果是员工的能力不足，公司要反省是否对其做出了指导？公司还有没有必要对其进行培训？若是能用较低成本帮助员工成长的话，公司可先不考虑辞退该员工。

- 若是公司对员工进行了培训后发现还是无法解决问题，这时可以考虑将员工降级到基础岗位，或转岗（此时很多员工就会意识到自己的问题，可能会主动辞职）。

- 在降职或转岗的同时向员工说明他能力不足的地方，让其明白这是第二次机会，若是再做不好，被辞退将是难免的事了。

- 经过上面的步骤，公司也需要提前一个月向员工提出辞退决定，一方面让员工有心理准备，另一方面给他机会找下一份工作。

- 一个月后到了该员工离职的时候，公司方要与该员工做一个敞开心胸的辞退谈话，指出该员工的优点和不足，对他的个人发展提出建议，有必要的话可以留下员工的联系方式，询问员工的去向，看今后还能不能有合作的机会。

No.39
如何将集体活动安排得体

> 公司的集体活动是促进公司成员之间感情交流的有效方法，也是促使公司员工更加团结的手段。如何安排集体活动才能发挥它的功效呢？怎样安排集体活动才比较得体呢？

公司的集体活动与纯粹的娱乐性活动要有所不同，公司安排的集体活动最好能起到团结员工的作用。而根据开展活动的地点可以将集体活动分为室内集体活动和室外集体活动两种；根据活动开展的目的又可以把集体活动分为实践活动和出游玩耍活动。要想将一次活动安排妥当，流程如表 4-2 所示。

表 4-2 妥当安排活动的流程及其内容

流程项目	具体内容
确定集体活动的方式	根据公司想要通过集体活动达到的目的来选择合适的集体活动。比如要达到团结员工的目的，可以策划室内集体活动，这样能节省时间；若是想要通过放松娱乐来增加员工之间的感情交流，可以策划室外游玩的集体活动
确定集体活动的准确地点	根据确定好的集体活动选择合适的地点，最好能选择多个地点供员工们选择
确定能够参加活动的人数	有时会遇到某个别员工因为特殊情况不能参加活动，此时活动负责人要及时询问原因，实在不能参加的就不要勉强，但如果是不重要的事情导致不能参加的，公司应尽量劝其参加。最后统计出确实能参加活动的人数
确定到达目的地的路线	若是外出游玩，这一工作环节是非常重要的，负责人要确定出最省时最快捷的路线到达目的地。但如果目的地就是公司就没有必要进行这一工作了
确定活动开展的具体时间	公司要保证准确通知到参与活动的员工参加活动的时间

在策划集体活动时要注意以下细节问题。

- 公司领导人是否参加活动：一般出游活动，公司领导人会和员工们一起参加；而实践活动，公司的高层一般不会参加，最多就是部门主管会和员工们一起参加。

- 比赛型活动的裁判由谁担任：当公司组织比赛型的集体活动时，需要安排一个裁判，这时做策划的人可以考虑让公司的某一位或两位高层作为活动的裁判，增加员工和公司领导的交流。

- 集体活动的后勤管理：集体活动中要计划所需要的物资或道具，安排专人负责这些物资和道具的运送、保管和回收工作。

No.40
如何筹办和参加会议

> 会议是公司商讨问题、总结经验及交流信息的重要活动，作为公司的领导人或者人事人员要了解如何筹办会议和参加会议。

对于公司来说，筹办会议是一件很平常的事，但要真正做好这件事也不容易。

（1）筹办会议

筹办会议包括开展会议前的准备工作和会场的布置两大环节，两个环节的工作内容都比较多，具体情况如下。

- 开展责任明确会议：召开一个会议，让所有参加筹办会议的工作人员明确责任，一般人事组负责会议的日程和人员安排，以及文件、简报和档案等文字工作，总务组负责会场布置、接待和文娱等其他后勤工作，保卫组负责会议的安全有序等保卫工作，当然小型的公司这些都可以由几个人或一个小组完成，然后要让全体工作人员明白本次会议的目的，主要解决什么问题，明确自己的工作任务和具体要求，以保证会议圆满完成。

- **研究并决定会议议题和议程：** 秘书处或人事部要将会议需要讨论、研究和决定的议题搜集整理出来，列出议程表提交给领导审批，根据确定的议题安排日程。

- **确定与会人数和会议开展的形式：** 事先确定好参与会议的人员，可征求各部门意见或请示领导等，大型会议要对与会人员进行分组，便于分头讨论。

- **通知与会人员：** 向与会人员发出书面通知，方便他们做好准备工作，通知的内容包括会议的目的、内容、名称、时间、地点、日程、路线及与会人员应该做的准备。

- **选择会场大小：** 小型会议一般安排在会议室，主席或经理等管理人员的位置一般在会议桌的两端，通常在门的左侧。大型会议则安排在会议厅，一般会议厅前方安置主席台和讲台，主席台和讲台上需配置有线（或无线麦克风）和茶水杯（或瓶装矿泉水）。

- **大型会议的主席台布置：** 主席台视人数设一排或数排，第一排为单数，座位中央的职位高于两侧，左侧职位高于右侧，前排高于后排，席前要放置姓名牌；若是工作会议，主席台的布置应为蓝色或绿色色调，若为庆典或表彰性会议，色调应为红色或粉色。

- **会场的音效、温度、湿度及光线的控制：** 会场应尽可能选用隔音门窗，室内要保持空气温度与湿度在适宜的水平，一般温度在 20℃，湿度在 40%～60% 最好，会场中避免直射光。

- **设计会议的签到程序：** 小型会议在入口设签到处，与会人员签到后进入会议；大中型会议可采取先发签到卡，到会时交给签到处工作人员后便可进入会场，这样可以避免造成拥挤。

● 布置会议需要使用的器材：会议开始前要准备好会议使用的器材，如黑板（白板）、幻灯机、投影机和放映机等。

（2）参加会议

当作为开展会议的一方时，公司需要做的事情如前面提到的一些；而作为参与会议的领导人、高层管理或者发言者，在参加会议时还需要注意一定的礼仪，具体如图 4-2 所示。

遵守会议时间，穿着得体

参与会议的人不要迟到，可以提前到会；衣着整洁，按时进入会场。

会议中的细节

会议开始后不要交头接耳；会议中最好不要离开会场，如果必须离开，要轻手轻脚，尽量不要影响他人，如果逼不得已要提前退场，需要和会议组织者打一声招呼；开会过程中，如果需要讨论，那么就不能静静地坐着不出声，如果要发言，应该举手示意；不要轻易打断别人的讲话，等别人发言完毕后自己再发表意见；如果和发言者有不同的意见，也不可以有鼓倒掌、喧哗起哄或吹口哨等不礼貌的行为。

会议发言者

作为会议的发言者，不仅要注意自己的语速和音量，更要注意观众的反应，如果会场中人声在逐渐变大，甚至有骚动迹象，此时需要考虑压缩演讲内容，尽快结束；发言后应该向观众致谢；发言的人要多次发言，不要一次性长篇大论。

明确参与会议的实质

参与会议不仅是人要到会，更要用心开会。不是每个人都发言才叫参与，参与会议要达到的效果是明确提出公司存在的问题，然后经过大家的讨论，制定出解决方案或办法，大家要以实事求是的态度来互相帮助，以求得共同的进步。

图 4-2　参加会议时需要注意的礼仪

第 5 章

新客户的选择、开发与维护

客户是给公司带来收益的群体，公司的发展离不开客户的支持。为公司选择有效客户是业务发展的基础，为公司拓展开发客户是业务扩展的必要需求，维护好公司与客户之间的关系可以对公司的发展起到巩固和保障的作用。接下来我们将通过各种实际问题来学习公司新客户的选择、开发和维护工作。

No.41
客户选择的要点有哪些

> 客户的选择实际上是提出一个适合本公司的客户标准和准则，为识别和寻找客户提供条件和基础。因此，了解客户选择的要点可以提高寻找客户的工作效率。

公司在选择客户时，不同的客户有不同的选择要点，所以创业者要分辨清楚客户的类型，具体情况如下。

（1）一般客户的选择要点

一般客户就是公司的普通客户，这些客户占公司业务的大多数。这些客户个体对公司的影响不大，但所有一般客户加在一起却能影响公司的发展。这样的客户有以下一些选择要点。

- 符合产品定位：公司在选择客户时，客户群体一定要符合公司的产品定位，这样可以快速找到目标客户。

- 确认消费者基本信息：确认产品消费者的年龄、主要市场的地点、消费者的职业和阶层及消费者的爱好。

- 选择对公司产品有需求的客户：有需求才有供给，对于公司来说，选择对自己的产品有需求的客户才有创造高业绩的可能性。

- 考察团体客户的实力：计划销售终端（零售）的地点位置、客户的消费实力、客户群体的规模及客户所属的行业。

- 发展经销商客户：考察经销中间商的财务实力、经销商的产品品种、信用和经销商公司的人员素质等。

- 选择优质客户：一定要把选择优质客户作为客户选择的目标。

- 尽可能发展战略客户：选择的客户要对企业具有长远利益影响，最好是战略客户。

（2）经销商客户的选择要点

经销商也会是公司的客户，经销商的品德、家庭状况、经营管理能力及财务能力都是需要考虑的问题，具体要考虑的因素如表 5-1 所示。

表 5-1　经销商客户的选择要点

因素	说明
市场范围	选择经销商时要考虑到经销商自身拥有的市场范围，这样也能帮助公司开拓市场
信誉	经销商的信誉不仅会影响他们自己的业务，还会影响与其合作公司的业务
经营历史	公司在选择经销商时还要考虑经销商的经营历史，这个可以在一定程度上反映经销商的实力
经销产品的情况	经销商的经销产品情况可以反映经销商的经营方向，创业者们可选择经营方向与公司相同或相似的经销商
财务状况	经销商的财务状况能反映其经营成果，从一个层面上体现经销商的经营实力
分销商的区位优势	俗话说"天时"、"地利"、"人和"都会影响事物的发展，经销商的区位优势从地理位置上可以帮助公司做好销售业务
分销商的分销能力	分销商的分销能力强，可以帮助公司快速提高销售业绩，打开产品市场，并提高公司的收益。若分销商的分销能力不强，轻则不能给公司带来收益，重则导致公司亏损，阻碍公司的发展
经销商的服务能力	当前经济快速发展，消费者更加注重服务，经销商的服务好就会吸引消费者到店消费，从而提高消费者购买公司产品的可能性
经销商的价格	公司的经销商客户在产品价格方面一般会享受到一定的优惠，这样就会减少公司的盈利，所以公司在选择经销商时还要考虑经销商提出的价格，价格实在不合理的经销商也没有必要与之合作
社会公共关系	经销商的社会公共关系可以说是一项比较重要的考量因素，经销商的社会公共关系广阔，不仅对他们自己有利，对创业者自己的公司人际关系也会有所帮助

No.42
新公司如何开发目标客户

> 新公司在确定好自己的目标客户后，就要开始实施目标客户的开发计划。公司只要做好产品的定位，找到目标客户并不难，难就难在如何开发这些目标客户。

公司的目标客户开发并不容易，不仅要在开发前做好一切的开发计划准备工作，还要按照开发计划具体实施。但为了公司的发展，这一环节确实必不可少的，那么新公司如何开发目标客户呢？

- **制订开发计划**：在实际开展客户开发工作之前，一定要做好客户开发计划，这份计划用来指导创业者在开发客户时的行为。同时在计划书中还要明确开发客户的备选方案，避免突发状况阻碍开发工作。

- **公司安排合适的人进行客户开发**：有些员工性格的原因，不善于或不适合与陌生人交流，如果安排这样的人与客户接触很难谈成合作。所以公司要选择性格外向、善于交际且随机应变能力强的员工进行目标客户的开发。

- **考察目标客户的聚集地，缩小工作范围**：目标客户的开发很重要，但也不能盲目寻找，要考察目标客户的聚集地，缩小开发范围，集中人力。

- **深入了解目标客户的需求**：既然是目标客户，其对产品就会有一定的需求，公司在开发目标客户时要更加深入地了解这些目标客户的真实需求，做到客户对公司无可挑剔的程度。

- **真诚的态度获得目标客户的信赖**：争取客户的信任是一种比较有保障的销售手段，一旦客户信任了公司或公司的产品，他们就不会鸡蛋里挑骨头般地拒绝公司的产品。

- **掌握开发客户的途径**：一是登门拜访，直接上门营销；二是先电话预约再上门销售，这种方法适用于那些"进门难"的客户；三是通过网上宣传，或是通过网络销售。对于新的创业公司，可以考虑使用第三种方法，这种方法需要的成本比较低，且销售范围比较广，可以快速打开市场，在这过程中，公司可以搭配使用上门销售的方法，这样"双管齐下"提高开发效率。

● 少盈利稳住目标客户：对新公司而言，客户都是刚接触公司的产品，有戒心和怀疑的眼光是正常的，而一旦价格又高出了预期，就更难争取到客户了。此时公司可以适当微调价格（降低的价格幅度要小，否则后面想涨价就很困难）来稳住目标客户。

No.43
找到的客户该怎么管理

公司如果找到了客户要怎么管理这些客户呢？如果没有管理好客户，很有可能失去客户，这是每一个公司都不愿发生的事情。所以，学会如何管理客户是创业者需要掌握的管理技术。

对客户进行的管理不同，产生的效果和达到的目的都会有所不同。所以根据公司的自身发展需求，选择不同的管理策略。

● 管理客户的信息档案

客户的信息档案是公司在以后的工作中最重要的资源，也是最直接的关于合作客户的信息。管理好客户的信息档案可以节约公司再次了解客户的时间。

● 更系统仔细地了解客户的需求

客户的需求是公司发展的动力，了解客户的需求不再是开发客户时涉及的简单物质需求，还要了解客户的安全需求及社会需求等。安全需求一般是解决客户的售后保障问题；社会需求就是客户与公司的关系维护和情感交流。

● 分级管理，掌握公司业务重点

公司业务部可以将客户资料进行分级管理，分出小客户、大客户、普通客户、重要客户及 VIP 客户等。这样方便业务员或业务经理对客户采取不同的商谈措施，充分利用公司的人力资源。

● 差异化管理，争取不同层面的客户

整个市场中，消费者的购买力不尽相同，要想最大限度地开发客户，就要对客户进行差异化管理。对购买力不同的客户提出不同的优惠条件；对比较有希望的客户要花更多的时间去争取，但要注意效率；对重要的客户要时刻关注其合作动向，越是有实力的客户，公司对其的控制就会越弱，所以更要提高警惕。

● 预防差异化管理带来的弊端

人人都希望得到平等的待遇，虽然差异化管理对公司来说可以提高工作效率，但这会造成客户的不满情绪，反而影响公司在有些客户心中的形象。所以，公司在进行差异化管理时要把握好分寸，服务态度不能有差异，价格差异化不能太明显，关系好坏程度不能走极端（与有的客户关系非常好，与有的客户关系非常不好）等。

● 对客户进行评价

为确保客户能够成为好客户，公司就要定期对客户进行评价，对好客户进行奖励；对有潜力的客户提出目标和要求，并进行帮助；对不符合公司要求的客户要果断淘汰。

● 帮助经销商赚到钱

公司的经销商客户能给公司带来利益，同时也会拖累公司的发展。公司让经销商赚到钱，经销商才可能与公司长久合作，为公司创造价值。

Chapter 05
—— 新客户的选择、开发与维护 ——

所以公司要竭尽全力帮助和支援经销商客户。

No.44
如何建立和维护客户关系

建立良好的客户关系是公司发展业务的需要，维护客户关系是公司不断进步的手段。那么要怎样与客户建立关系并维护好这层关系呢？

客户关系的建立和维护并没有想象中的简单，在实际情况中，一点小小的细节没有做好就有可能丢失客户，因此学会建立和维护客户关系是一门较难的技术。

（1）建立客户关系

照目前市场经济发展的情况看，业务并不是那么好做，有些销售人员到处"求人"买产品。这么看来，建立客户关系也不是件容易的事儿，具体如表 5-2 所示的 4 个阶段。

表 5-2　建立客户关系的 4 个阶段

阶段	具体阐述
第一阶段：公司要主动选择客户	在这个竞争激烈的市场中，如果公司不主动寻找客户，一直处于被动地位，那么客户是很难主动找上门来的，要想建立客户关系就要公司主动出击
第二阶段：尽快了解客户	除了记住客户的姓名和电话外，记住客户的个性化爱好也很重要，投其所好能获得客户的好感。在平时的交流中要细心观察并记录客户喜欢什么类型的东西，有什么习惯，然后慢慢了解客户的爱好，以后可以用一些小物品打动客户
第三阶段：互相介绍客户	公司可以请客户给自己介绍客户，公司也把与客户业务有关系的人介绍给客户。所谓的人际关系就是"经营人际关系而形成的人际脉络"。比如我的客户里有牙医，其他客户需要这个信息时，我就可以把牙医介绍给他，但这前提是你要维护好与每位客户的关系

续表

阶段	具体阐述
第四阶段：让自己成为客户的客户	简单来说，A 是 B 的客户，那么 B 也可以成为 A 的客户，这样双方互相支持，合作关系才能长久。例如，有一个供货商要和移动电话签一个大单，移动的老板也到了签合同的现场，但在签字前却断然拒绝了供货商，事后经过多番打听才知道，那天移动的老板看见供货商使用的是联通的定制机，所以移动的老板拒绝了合作。所以，成为客户的客户，可以增大客户关系顺利建立的可能性

（2）维护客户关系

维护客户关系对公司来说并不容易，在维系客户关系的过程中有很多因素的影响，因此变数很多。那么要怎样才能维护好客户关系呢？

● 给客户最想要的

不同的客户对产品的需求不同，公司要给客户最想要的，这样才能真正满足客户的需求。例如，公司的员工客户，一个是年轻的员工，一个是上了年纪的主管。那么公司可以考虑帮助年轻的员工出成绩，帮助上年纪的主管得到利益（升职和加薪等）。

● 利用好节假日

即使不提倡送礼，但节假日也非常重要，主要是中秋节、客户生日和春节。通常中秋节要提前拜访，生日要当天拜访，春节需要在节后拜访。拜访过程中的谈话以工作切入，但20%的时间谈工作，80%谈客户喜欢的话题。若遇到客户反馈相关工作上的问题，一定要立即做好记录，解决好后再与客户联系。若客户不方便接收礼品，可以提前邮寄到家。

提示

送礼时不要送贵重的礼品，一方面客户不方便接收；另外一方面送太多也送不起。要送可以送新、奇、特的小礼品，或是客户工作中需要用到的小工具。送礼时也不要说太多话，简单介绍以下礼物的使用方法即可。

● 定期回访，解决客户问题要快速并及时

除了节假日需要慰问客户以外，公司还应对客户进行定期回访，了解客户对公司产品的看法，收集客户对产品的意见和建议，促进公司改进产品。客户对服务态度的要求往往比较高，如果公司解决客户问题快速又及时，就会赢得客户的欣赏，从而有利于客户关系的维护。

No.45
怎样与客户进行谈判

在与客户交流时，难免会遇到意见相左的时候。而如何统一双方的意见，达到共赢，谈成生意呢？这就需要与客户接触的人有一定的谈判经验和谈判技巧。

当公司与客户在合作上产生了分歧时，双方很可能进入心理战，以各种理由或借口阻碍关系的建立。作为公司要怎样与客户进行谈判促成交易呢？

（1）做好谈判前的准备工作，尽可能多地了解客户的思路

在这一环节，公司要清楚自己能够接受的最低价位，并且可以多创造一些谈判期间可以利用的可变因素。很多销售人员认为价格是自己会遇到的唯一变数因素，虽然价格是引起买卖双方利益冲突的最敏感话题，但仅仅考虑价格，最后的结果只会是削减了利润又增加了买卖双方彼此间的冲突。

正确的做法应该是把目光集中在客户与公司的共同利益上，例如，在谈判过程中多涉及一些关于售前、售中和售后服务的话题，并附带一些培训计划和考察计划，为稍后即将谈到的价格找到它的价值所在。

与客户谈判遭到攻击时一定要冷静，耐心听完客户的陈述，尽可能

多地从客户的思路思考问题。因为客户一旦进入了他自己的思路，争辩很难让他动摇。而销售人员耐心倾听客户的抱怨或要求，很可能收获新的资讯，为谈判增添变数，并在这个过程中渐渐化解客户的怒气，而且只是倾听的话，就并没有做出让步。

（2）不要偏离主题

每一次谈判都有相应的主题，谈判过程中要时刻关注需要讨论的问题。长时间没有取得丝毫进展会让人沮丧甚至失去信心，这时谈判的人要保持头脑清醒，注意客户的言语和神态，适时总结一下谈判取得的进展。例如，可以这样和客户说，"我们已经在这些问题上进行了 3 个小时了，试图达成一项公平合理的解决方案，现在，我建议重新回到付款条款上来，看看是否能做出总结。"

有些销售人员学会了完全从客户的角度看问题，对客户的需求特别清楚，因而很少关注公司的利益，这样对客户给予太多的维护会对销售人员不利。所以销售人员在讨价还价时，不能是一味地满足客户的需求，而是关注问题的解决，达到双赢的效果。

（3）注重谈判的风格，把最棘手的问题留在最后

销售人员要记住，切勿采取具有挑衅性质的风格。例如，如果你说客户使用公司的服务要比普通客户的多 50%，所以要求客户为此付费，这样就会使客户产生防范心理。销售人员应该通过强调双方共同利益来建立起共同的基础，避免过激言语。更好的说法可以是："很显然，服务是整个专案中的关键一项，目前你们使用的频率比普通客户多 50%，使得我们的成本多了很多，让我们一起来找出一种既能降低服务成本又能保证服务质量的办法。"

谈判时可能会遇到一大堆的问题，最好不要从最难的问题着手，先解决简单的问题可以很好地继续话题。假设某一位客户一心想要在关键

问题上将你"击败"，但你若以竞争性不强的问题作为开始，并找出一些好的解决办法，就会令客户发现新的解决方案的意义所在。

（4）起步要高，让步要慢

在谈判过程中，讨价还价是常见的事儿，销售人员可以从一些能做出让步的方面着手。大量的实践案例证明，期望值越高，谈判结果越理想。若是在谈判开始之前就降低了自己的期望值，那就是在自己的脑海中做出了第一步退让，于是就会受到客户的"逼迫"。如果知道客户在除了公司以外没有其他的供货渠道，这时销售人员为了顺利完成交易就可先做出让步。

（5）防范感情欺诈的圈套

精明的买家会以感情因素难为销售人员，让销售人员乱了阵脚，做出不情愿的让步，所以销售人员要知道如何应对。一是回避，要求休会与上司商量，或者重新安排谈判，时间和地点改变会使整个谈判场面大为不同；二是只听不点头，当客户大声嚷嚷或主动表示友好时，销售人员要做的就是安静地听，保持与客户的目光接触，但不点头，不对客户的行为予以鼓励，等到客户说完后提出一个有建设性的计划或安排；三是公开表达对客户的意见，这样做需要把握好时机，不能让客户感到下不来台而使整个谈判过于匆忙。

No.46
公司大客户怎么寻找和维护

大客户对公司产品的额消费频率高、消费量大且带给公司的利润也相对较高，对公司的经营业绩会产生一定影响。所以公司要注重大客户的搜寻和与大客户关系的维持问题。

　　为了给公司带来更多的盈利，公司需要一些大客户的支持；而为了保障公司的收益不受到大的影响，又要保证与大客户的合作关系不被中断。因此，公司要怎样才能找到大客户呢？要采取什么样的措施才能维护好与大客户之间的关系呢？

（1）寻觅大客户

　　寻找大客户比寻找一般的客户要困难，需要销售人员的销售能力也要更强，考虑的问题也会更多。

- **分析客户心理**：分析客户的心理就是明确客户的决策过程，客户在受到销售人员的销售刺激后才会有欲望购买产品，接着才会意识到自己的需求，然后通过信息收集对公司产品做出评估选择，最后决定是否购买公司的产品。

- **找准目标客户群**：明确公司的产品定位，找到适合公司产品的大客户群。

- **掌握大客户的谈判沟通技巧**：一是建立良好的初步印象，包括商谈资料的准备工作、言行举止和穿着打扮等；二是寒暄赞美，这样可以使双方第一次接触的紧张情绪放松下来，同时解除客户的戒备心，建立信任关系；三是以诚心待人，就像物理学中提到的，力的作用是相互的，对客户真诚，客户也会对公司敞开心胸，这样有利于双方达成合作协议。

- **促成交易**：掌握促成方法，建立合作关系。促成是建立关系过程中最重要的环节，但一般使用的时间相对较少。促成过程中不能太心急，否则容易在最后失去准客户。

（2）维护公司与大客户之间的关系

　　维护大客户与公司的关系可以保障公司的收益不受到较大的影响，具体要点如下。

- 建立一套完善的客户关系管理系统：这套系统详细记录好客户的信息，以便日后使用。

- 与客户加强感情沟通：与客户加深相互之间的了解，想客户之所想，急客户之所急，用感情纽带建立的合作关系是相对长久和稳固的（定期回访、生日贺卡和节日慰问等）。

- 严格遵守业务合同：公司与客户双方要严格遵守业务合同，正所谓"无以规矩，不能成方圆"，双方都尽到自己的责任，关心彼此的利益，建立良好的合作关系不是难事。

- 核心客户的维护：对这类客户的跟踪维护是重中之重，关键在于"伙伴"。要为这些客户建立"客户动态档"，随时跟踪其动态；按照客户的投资风险偏好制定物流运输方案；及时将公司提供的特殊服务推荐给这类客户；定期回访慰问。

- 休眠客户的维护：这类客户的维护关键是"激活"，这类客户可能拥有巨大的潜能，也可以为他们建立动态档，分析其休眠的原因；主动提供各项增值信息服务；进行电话回访。

No.47
如何把新客户培养成忠实客户

> 为公司找到或培养忠实客户是一项长期而艰巨的任务，不是所有的客户都愿意成为公司的忠实客户。然而忠实客户能给公司带来的收益是持续性的，所以要怎么样才能为公司培养忠实客户呢？

新公司刚成立，很多客户都是新客户，为了巩固公司的实力并起到促进发展的作用，公司需要努力将新客户培养成公司的忠实客户。表5-3是一些培养忠诚客户的方法。

表 5-3　培养忠诚客户的方法

方法	具体阐述
承诺对客户的忠诚进行奖励	公司要给付出忠诚的忠诚客户一定的收获，这样才能让忠诚客户觉得付出忠诚是值得的。至于奖励的办法可以从特殊服务或者价格优惠等方面着手
适当将忠诚客户发展成公司股东	让客户成为公司的股东，手握公司的股权，参与公司产品设计、原材料供应商选择、业务拓展地区的选择及年底分红等
加强业务联系，增强不可替代性	公司平时要多与客户沟通交流，不断满足客户对产品质量的要求，不断改进产品，提高同类产品在市场上的不可替代性，这样客户就只能在本公司才能买到合适的产品，为公司的发展提高竞争力
用真诚的态度换取忠实客户	公司在培养忠诚客户时，首先要对客户真诚，这样才可以让客户感受到公司的诚意，进而付出自己的诚意忠于公司
员工忠诚引导客户忠诚	一个公司，如果员工都不忠诚，那么要求客户对公司忠诚是相当困难的。员工对公司忠诚才能竭尽全力为公司办事，做事时首先考虑到公司的整体利益，这样能更好地为公司找到或培养出忠诚客户
增加客户的转换成本	这个措施实质上就是给客户平常需求，而这些需求是经常性的，日积月累会增加客户经济负担的。公司从细微处解决客户的难题，客户感受到实实在在的好处自然就会一直相信公司，一直满意公司的产品或服务
情感沟通不能少	公司不仅是客户工作上的伙伴，还要争取成为客户生活中的帮手或慰问者，注重关心客户的情感变化，与之交流生活趣事等。以生活琐碎的事情获得客户的信任

No.48
怎样提高客户的满意度

　　提高客户对公司的满意度，能在一定程度上提高客户对公司的忠诚度。客户对公司满意了，才会愿意和公司继续合作。那么公司要怎样才能提高客户的满意度呢？

　　相信很多公司的管理人员经常会思考如何提高客户对公司产品的

满意度问题，而在快速发展的经济市场中想要获得客户的满意也是一件比较困难的事情。所以创业新公司需要了解一些关于怎样提高客户满意度的方法，从而为公司培养忠诚客户做好铺垫，具体方法如表 5-4 所示。

表 5-4 提高客户满意度的方法

方法	具体阐述
满足目标客户的产品需求	调查客户对公司产品的需求，记录好不同需求对应的客户群体，根据各种各样的需求提供相应的产品，尽最大可能满足大多数客户的需求
注意与客户沟通时的言行	公司员工的言行举止决定了客户对公司的第一印象，如果第一印象不好，在接下来的接触中很难提高客户对公司的满意度
建立完善的售后服务系统	做好售后服务是提高客户对公司满意度的有效方法。做好售后服务包括做好售后服务的准备工作、实施工作和善后工作。公司要培养专门的售后服务团队，提高售后服务工作的质量，实实在在地提高客户对公司的满意度
先进的公司文化赢得客户的共鸣	很多时候公司的大客户最看重的不是公司的产品，而是公司的文化给了他们很大的触动。公司的文化体现了公司的价值观和经营管理的理念，赢得客户的共鸣也就赢得了客户对公司的好感和信任
公司高层走进客户	公司领导亲自到销售现场体会客户的感受，阅读客户来信，接听并处理客户的抱怨电话，与客户交谈或通过电子邮件交换意见等
尽可能地为客户提供方便	现在是一个快节奏、高效率的时代，时间很宝贵。因此，在为顾客服务时，首先要考虑如何节省顾客的时间，为顾客提供便利快捷的服务，设身处地为顾客着想，这样才会让顾客感到方便满意
为特殊客户量身定做服务	有些客户是公司的特别客户，要赢得顾客满意，不仅是被动地解决客户的问题，更要发挥主动性，提供量身定做的服务，真正满足顾客的尊容感和自我价值感，不仅要让顾客满意，还要让顾客超乎预期的满意

No.49
客户流失了怎么办

经营一家公司，客户转向其他合作商是常有的事，所以遇到客户流失不能慌张，要积极想办法应对。

　　创业者在经营公司时一定要明确，客户的流失是不能避免的事，发生了不能自怨自艾，想方法应对才是解决客户流失的最应该做的事。

- **挽回即将流失的有效客户**：有效客户是指对公司的业务等的发展有作用的客户，这些客户的离开会影响公司的收益。所以对这些客户在有解除合作关系的倾向时就要做出积极的挽回措施。挽回时要问清楚客户想要与公司解除合作关系的原因，判断这些因素公司是否能够解决，若是可以解决，那就要尽最大可能留住客户；若是不能解决的因素，那也只能尊重客户的选择，并表示公司以后会改进，希望下一次的合作。

- **普通客户流失要见机行事**：普通客户是市场中最普遍，也是每个公司拥有最多的客户类型。普通客户的挽回遵从 8 个字：随机应变，见机行事。正所谓事不过三，若公司对这类客户进行了 3 次挽留，但客户还是坚持离开，这时公司就可以放弃挽回。

- **果断舍弃劣质客户**：人们常说，有舍才有得。劣质客户不仅不能给公司带来收益，有时还会背地里捅刀，损坏公司的利益和名声。

- **用客情关系留住顾客**：用合作时建立的客情关系挽留客户，挽留的是对公司有贡献或即将有贡献的客户。

- **收集流失客户的离开原因**：了解事情的本质不仅要知道它是什么，还要知道为什么。公司收集整理流失客户离开的原因，从这些原因入手改进公司的产品、服务或制度，让公司在以后的发展中越来越好。

- **做好寻找新客户的准备**：为了稳住公司的业绩，公司需要在客户流失后及时找到新的实力相当的客户来支撑公司的业务发展，尽可能减少客户流失给公司带来的损失。

- **防止客户连带流失的情况发生**：有时一个客户的离开会引起几个或多个客户的离开。作为公司的领导人或管理人员，要事先预见到这样的可能，并在这种可能发生之前积极采取防范措施。

● 深刻反省公司的问题并想办法提升：公司更多的是从自身方面找原因，进行深刻的反省，然后从存在的问题入手提升公司的形象和经营能力，为吸引新客户做好充足的准备。

No.50
怎样平衡大客户和
小客户的关系

> 公司的客户按照消费频率、消费数量等因素划分，有大客户和小客户之分。平衡大客户和小客户之间的关系也是公司在维护客户关系过程中需要做的事情。

大客户和小客户都能为公司带来收益，只是对公司做出的贡献大小不同。公司不能因为小客户给公司带来的利益少就对这样的客户不管不顾，也不能对贡献大的大客户过于殷勤。那么要怎样平衡大客户和小客户之间的关系呢？

● 清楚大客户与小客户对公司的整体作用

虽然对大客户不能过于殷勤，对小客户不能不管不顾，但在差异化管理中也要区别对待大客户和小客户，这样才能平衡大客户的心理，对大客户和小客户都比较公平。

● 服务态度都要一样友好

公司对待大客户和小客户都要友好，他们本质上都是公司的客户，所以我们在本质上也要同等对待大客户和小客户。

● 态度友好的程度不同

公司对待大客户和小客户的友好程度要有所区别，这样才能让大客户感受到自己被重视，同时让小客户知道自己付出多少就能收获多少。

● 肯定大客户的贡献，重视小客户的作用

大客户对公司的贡献较大，公司要时刻肯定大客户对公司的付出；同时不能忽视小客户给公司带来的利益，让小客户感受到自己也是被尊重的。

● 公司促进大小客户的交流

如果公司不能很好地区别对待大小客户，那么可通过促进大小客户之间的交流，把维系大小客户关系的重任转嫁到大小客户自己身上。大小客户处理好了关系，公司在平衡大小客户关系的事情上就能比较轻松。

● 制定相关规定使公司的行为合理化

将公司对大小客户的不同优惠政策或不同的服务标准制定成约定条款或规定，前提是这些约定或规定要合情合理，这样大小客户就不会认为公司偏袒哪一类的客户。

● 公司要控制大小客户的数量比

公司很多举措会同时受到客户的质疑和支持，若大客户数量过多，小客户数量较少，那么小客户的意见很可能不被采纳；若大客户数量很少，小客户数量较多，那么公司的业绩增长会比较缓慢，利润上升速度也会很慢。所以大小客户的数量比也要控制好，一般大客户与小客户采取 3:7 的比例较为合适。

—— 创业百问——新手开公司前需了解的事 ——

第 6 章
公司的财务管理和税务管理

财务和税务是一个公司在运营过程中必不可少的事务，也是非常重要的工作内容。财务和税务关系着公司运营资金的周转和储备等问题，所以做好公司的财务管理和税务管理，能够帮助公司厘清收益，同时做出更准确的经营决策。

No.51
新公司如何建账

任何企业在成立初始，都面临建账问题。即根据企业具体行业要求和将来可能发生的会计业务情况购置所需要的账簿，然后根据企业日常发生的业务情况和会计处理程序登记账簿。

初创公司学习如何建账就要了解建账的流程，然后根据建账流程给自己的公司建账。

（1）选择公司适用的准则

根据企业经营行业、规模及内部财务核算特点，选择适用《企业会计准则》或《小企业会计准则》。《小企业会计准则》适用于在中华人民共和国境内设立的、同时满足下列 3 个条件的企业（即小企业）。

● 不承担社会公众责任。

● 经营规模较小。

● 既不是企业集团内的母公司也不是子公司。

如果不能同时满足上述 3 个条件，公司需要选择《企业会计准则》；满足条件的企业按规定需要建账的个体工商户执行《小企业会计准则》。

（2）准备账簿

公司根据准则选择适合自己公司管理的账簿，在准备账簿时要注意以下几点内容。

● **建立的账簿要与公司相适应**：一般公司规模和业务量是成正比的，规模大的企业业务量大，分工也复杂，会计账簿需要的册数也多。企业规模小业务量也小，企业一位会计就可以处理所有的经济业务，设置账簿时就没有必要设置很多册，所有的明细账合成 1~2 本即可。

- 账簿符合企业管理需要：建立账簿是为了满足企业管理需要，为管理提供有用的会计信息，所以在建账时以满足管理需要为前提，避免重复设账和记账。

- 账簿设置依据财务处理程序：公司业务量大小不同，采用的账务处理程序也不同。公司一旦选择了账务处理程序，也就选择了账簿的设置方式，如果公司采用的是记账凭证账务处理程序，公司的总账就要根据记账凭证序时登记，这样就要准备一本序时登记的总账。

- 小企业应设置的账簿：小企业设置的账簿，应包括现金日记账、银行存款日记账、总分类账和明细分类账。具体情况如图 6-1 所示。

现金日记账	一般公司只设置一本现金日记账，但如果有外币，则应该根据不同的币种分别设置现金日记账。
银行存款日记账	一般应根据每个银行账号单独设立一本，比如，公司只设立了基本账户，则设置一本银行存款日记账。银行存款日记账和现金日记账均应使用订本账，根据单位业务量大小可以选择购买 100 页或 200 页的。
总分类账	一般公司只设置一本总分类账，同样使用订本册，根据单位业务量大小选择购买 100 页或 200 页的。这一本总分类账包含公司所设的全部账户的所有信息。
明细分类账	明细分类账采用活页形式。存货类明细账要用数量金额式账页；收入、成本和费用类明细账要用多栏式账页；应交增值税明细账单有账页；其他类型的明细账基本都用三栏式账页。所以公司需要分别购买这 4 种账页，数量由单位业务量等情况决定。

图 6-1　小企业应设置的账簿

（3）选择科目，填制账簿内容

公司参照选定会计准则中会计科目及主要账务处理，结合自己公司所属行业及公司管理需要，依次从资产类、负债类、所有者权益类、成本类和损益类中选择出应设置的会计科目。公司在填制账簿时需要填制的内容如下。

● 封皮：就是账簿的封面，封面包含了账簿中各项账务所处的时间段和明细账的类型（或各种财务表格的类型，如余额表等）。

● 扉页：有的公司使用的不是扉页而是登记表，明细分类账中称为经管人员一览表。扉页中包括单位或使用者名称（会计主体名称，与公章内容一致)、印鉴（单位公章）、使用账簿页数、经管人员、粘贴印花税票并画双横线。若明细账有若干本，还需要在表中填列账簿名称。

提示

在填写经管人员时需盖相关人员个人名章，记账人员更换时，应在交接记录中填写交接人员姓名、经管及交出时间和监交人员职务、姓名。在粘贴印花税票时，除实收资本和资本公积按万分之五贴花外，其他账簿均按 5 元每本贴花。

● **各种账户页次**：总分类账户采用订本式，印刷时事先在每页的左上角或右上角印好页码，要给每个账户预先留好页码，如"库存现金"用第 1、第 2 页，"银行存款"用第 3、第 4、第 5、第 6 页。这就要根据公司具体情况设置，并把科目名称及其页次填在账户目录中。明细分类账由于采用活页式账页，在年底归档前可增减账页，所以不用非常严格地预留账页。现金或银行存款日记账各自登记在一本上，所以不存在预留账页的情况。

● **账页**：现金和银行存款日记账不用对账页特别设置；总账账页按资产、负债、所有者权益、成本、收入和费用的顺序把所有会计科目名称写在左（右）上角的横线上，或直接加盖科目章；明细账账页也按照总账账页填写规则填写，其中包括公司具体情况分别设置的明细科目名称，另外对于成本、收入和费用类明细账还需要以多栏式分项目列示，具体列示要求按公司管理需要而定。

提示

为了查找和登记工作的方便，在设置明细账账页时，每一账户的第一张账页外侧粘贴口取纸(索引纸,用来写注释或编号之类的信息)，并且各个账户错开粘贴。

No.52
公司发票和收据如何管理

公司发票和收据都是公司资金出入的凭证，它们都是记录公司往来账款的单据，是公司查账和审计机关、税务机关执法检查的重要依据。因此公司要将发票和收据进行妥善保管。

想要把公司发票和收据管理好，先要搞清楚两者的相同点和不同点，然后才能分清发票和收据并进行相应的保管措施。

（1）发票和收据的异同

发票与收据都是原始凭证，都可以证明某项或某些款项的收支情况，但两者有着本质上的区别，如图 6-2 所示。

1 收据收取的款项只能是往来款项，这些款项不能作为成本、费用或收入，只能作为收取往来款项的凭证；而发票不但是收支款项的凭证，而且凭发票收支的款项可作为成本、费用或收入，也就是说发票是发生的成本、费用或收入的原始凭证。

2 若客户是为企业办事，需要到企业报销费用的，公司要给其开发票，否则他回到自己的公司不能报销；而有些人只是为了证明收付了某些款项，并不想作为报销凭证，开票就要交税，开收据不用交税，所以公司可以给这样的客户开收据。

图 6-2　发票与收据的区别

提示

商品含税和不含税是指商品价格含税和不含税。在销售商品时，如果开的是普通发票，它所标示的价格就是含税价格，如果开的是增值税专用发票，那么它标示的价格就是不含税的价格。

（2）发票和收据的管理

发票与收据的印制、领购、开具、取得和保管等，必须根据《中华人民共和国发票管理办法》及其《实施细则》而行。

● 联次与内容

发票和收据的基本联次为三联，第一联为存根联，开票方留存备查；第二联为发票联，收票方作为付款或收款原始凭证；第三联为记账联，开票方作为记账原始凭证。

发票和收据的内容包括票据名称、字轨号码、联次和用途、客户名称、开户银行和账号、商品名称（或经营项目）、计量单位、数量、单价、大小写金额、开票人、开票日期及开票单位（个人）名称（章）等。

● 发票的印制

发票和收据的印制或领购必须事先向公司办公室申请，经公司总经理、董事长批准后印制。印制时必须提供票样、数量、每本份数、联次颜色和编号规则等内容，且必须遵守国家和当地税务机关有关发票和收据印制的规定。

● 开具和使用票据

开具发票和收据应当按照规定的时限和顺序，逐栏、全部联次一次性如实开具，同时在发票联和记账联加盖公司财务专用章或发票专用章；开具票据时，字迹要清晰，不得涂改，若填写有误，应另行开具票据，并在填写错误的票据上盖作废章或写明"作废"字样；收取票据的一方不索取票据时，开具票据方要对该票据单独保管；票据项目填写齐全，票、物相符，票面金额与实际收支的金额相符；开票人和收款人应在票据上填写全名，不能只写姓氏；尽量做到开票人和收款人的分离；开具时限为收讫款项或取得索取款项凭据的同时，未发生经营业务一律不准开具票据。

发票和收据不能拆本使用，存根联应始终为整体；作废的票据所有联次应齐全，已撕下的联次应粘贴在一起；收款后应在发票或收据上加盖"现金收讫"或"银行收讫"章；按编号顺序使用，不得跨页使用；设置发票和收据登记簿，记录发票和收据的领购、使用和结存情况；不符合规定的票据不得作为财务报销凭证；原则上除财务部外，其他部门或人员不得携带空白收据；严禁任何人转借、转让、代开、虚开、擅自销毁、涂改及相互串用各种票据，若票据发生意外，应及时报告有关部门或人员，否则因此造成的经济损失及后果由当事人负责。

● 票据保管和缴回

票据不得丢失，若丢失，需要查明原因，还要于丢失当日书面报告公司总经理并呈送主管税务机关，同时在报刊和电视等传播媒介上公告声明作废；有关人员应妥善保管发票和收据，设专人专柜负责保管，放置在安全的场所，防止丢失。

● 空白收据的管理

公司使用的所有空白收据由公司财务部门统一购回、保管和管理，并对空白收据实行分类和连续编号。

设立空白收据分类专用领取登记簿，凡有关部门或人员领用空白收据必须在登记簿上按规定项目填写收据起止号码、领取本数、领取人和领取时间；领用收据时检查无缺联、缺号后在财务部登记册上登记时间、数量、号码、部门及领用人，如有差错，交回财务部处理，财务部另开收据给代交款人，代交款人将收据贴存到本人携带的空白收据相应联。

收据保管员在没有收回以前发给相应员工的旧收据时，不得发出新收据，同时要跟踪发出一段时间但仍未退回换新的收据；凡书写完毕或其他原因缴回收据的，在专用登记簿上填写缴回本数、作废张数、缴回时间和缴回人；领用者缴回收据时事先对收据存根进行金额合计核对，在收据封面上签注缴回时间，作废收据单独进行金额合计，由缴回人在封面上签字，借以保证空白收据的不流失。

No.53
创业初期公司如何控制成本

> 创业初期的公司，面临着开销大但资金不足的窘境。所以，为了公司正常运营，资金周转灵活，公司需要控制各个方面的成本，进而减少公司的各项开支，保证公司有一定的资金周转能力。

创业初期，公司控制成本时要找出影响公司成本的因素，如人力资源、供应商、材料价格、库存方式、办公用具、房租及营销推广费用等，然后再根据这些因素制定相应的解决办法。

（1）降低房租

可以在孵化区租工位，目前各地的创业孵化区很多，各种创业基地提供的办公场所和行政服务都比较成熟，价格也是按照工位收取，同时还提供公共会议室、前台和打印机等设备；对于不需要接待客户、大摆台面的初创公司，可以直接在家办公。

（2）设备家具尽量找二手用品

公司开张后，设备和日常用品等花销难以避免。可以使用二手设备来代替的，尽量不要额外花大钱添购新配置，尤其是那种特殊性强的大件办公室设备。此外，办公桌、办公隔间等用具也尽量选择二手的。若是小本经营，可考虑租赁办公用具和设备，如文件柜与打印机等，这样便可一次性省下庞大费用。往后随着公司规模越来越大，就可以重新评估是否自购这些设备的可行性。

（3）在影响办公效率的物件上不要省钱，而是争取折扣

为了节省开支，很多初创公司在采购必要物品时全部按照最便宜的买，而低价的东西在品质上自然无法与高价品相比。所以对于电脑、服务器等会影响工作效率的物件，甚至是员工工作心情的必要物件，创业公司在这方面不能省钱。那么公司可以千方百计寻找商家提供折扣机会。例如，在许多 B2B 网站上有为企业产品提供折扣的信息，或联合其他创业公司向商家申请团体折扣机会。

（4）减少经营成本

经营过程中涉及人员工资和销售有关的开支，这些是公司无法避免的经营成本，但可以减少这些成本的开支，如表 6-1 所示。

表 6-1　减少经营成本的措施

措施	具体内容
导入奖惩制度	达到制定标准就施以奖励，未达成（需明了原因）则给予薄惩（如减薪、扣分等）。对于可不雇佣或少雇佣的员工，尽量不要雇佣，创业初期人力成本占比一般较大，这样一般可以将成本降低 50%左右
采取底薪+绩效的方式	虽然不少初创公司都采取高薪策略从各地挖人，但对于那些没有融资支撑的公司来说，采取底薪+绩效的模式则更有效。一方面能节省大量人工开支，另一方面绩效的引入能激励员工产生更大的价值
适当的股权激励	在核心人物的薪资方面，也可通过期权、股票等方式进行激励，减轻公司的现金流负担。还可减少公司在社保方面的支出，通过将绩效奖金等不定期发出，既能激励员工，也能有效避开相关税收
严格控制采购成本	灵活运用采购成本控制策略，即通常所说的 VA 与 VE 法、谈判、杠杆采购、联合采购、为便利采购而设计价格与成本分析的标准化采购，考虑所采购产品或服务的形态、年需求量与年采购总额、与供应商之间的关系、产品所处的生命周期阶段等因素

续表

措施	具体内容
建立良好的库存管理	从先进先出的表格建立使用，到交叉污染的避免、物品的置放、湿度、温度（冷藏、冷冻设备）的控制、虫害防治、盘点（日、周、月盘）确实，甚至灭火器的位置、数量和意外险类的投保，都是库存管理的必备掌握要件
保持良好的习惯	创业初期涉及的财务账目很乱，而一个清晰的账本能够记录每一笔经费的来龙去脉。能不用付钱雇佣人做的事就不要花费额外的经费。例如，到街上发传单，可以由创业团队自己完成，且在不用支付费用的情况下，更能保证完成的质量

No.54
如何管理收入、利润和税金

> 公司经营过程中会有销售收入和营业利润，同时还有各项应缴纳的税费，而税金是除企业所得税和允许抵扣的增值税以外的企业缴纳的各项税金及其附加。这些都涉及资金的流动，公司要如何有效管理呢？

企业内部与钱财相关的工作都比较复杂，且处理时需要很谨慎。一个公司要怎样管理其收入、利润和需要缴纳的税金成了财务方面最重要的工作。

（1）收入管理

企业在经营过程中涉及的收入也分为很多种，包括销售商品收入、劳务收入、让渡使用权收入、利息收入、租金收入和股利收入等，但不包括为第三方或客户代收的款项。不同的收入要计入不同的会计科目，这样方便管理，具体如下。

● **主营业务收入核算**："主营业务收入"账户用于核算公司在销售商品、提供劳务及让渡资产使用权等日常活动中所产生的收入。

在"主营业务收入"账户下，应按照主营业务的种类设置明细账，进行明细核算。这一账户期末应没有余额。

● 提供劳务收入：劳务收入一般采用完工百分比法确认提供劳务收入，有时也可根据一些可靠的估算条件对提供劳务收入进行合理的估算。

● 让渡资产使用权收入的核算：让渡资产使用权收入的确认必须同时满足两个条件，一是相关经济利益很可能流入企业，二是收入的金额能够可靠计量；让渡资产使用权收入计量包括利息收入和使用费收入，利息收入在资产负债表日，按照他人使用本公司货币资金的时间和实际利率计算利息收入总额，使用费收入主要是指公司转让无形资产（如商标权、专利权、专营权、软件和版权等）的使用权形成的使用费收入，按照有关合同或协议约定的收费时间和方法计算确定。

● 其他业务收入："其他业务收入"账户用于核算企业除主营业务收入以外的其他销售收入，如材料销售、代购代销和包装物出租等收入，这一账户期末应该没有余额。

（2）利润管理

利润的管理包括利润的考核、分配形式和分配程序等，具体内容如下。

● 利润考核方法：利润考核可以通过利润总额、人均利润额、营业利润率和总资产利润率这4个指标来完成。

● 利润分配形式：利润分配有4种形式，交税、分红、留利和提取公益金。

● 分配程序：一般情况下，公司要先用利润弥补上年亏损，接着按照国家规定缴纳所得税，接着就进行税后的利润分配（企业税后利润分配程序、股份制企业税后利润分配程序）。

● 企业税后利润分配程序：先支付被没收财物损失和各种税收的

滞纳金及罚款；接着弥补公司以前年度亏损；然后提取法定盈余公积金；提取公益金；最后向投资者分配利润。

● 股份制企业税后利润分配程序：先支付被没收财物损失和各种税收的滞纳金及罚款；接着弥补公司以前年度亏损；然后提取法定盈余公积金；提取公益金；支付优先股股利；按照公司章程或股东会议决定提取任意盈余公积金；最后支付普通股股利。

（3）税金管理

税金的种类也有很多，有的计入"管理费用"科目，有的是销售税，具体情况如下。

● 计入管理费用的税金

房产税，按房产原值一次减去10%～30%后的余值计算或按租金收入计算；车船使用税每年税额幅度不同，微型客车60～480元，小型客车360～660元，中型客车420～660元，大型客车480～660元，具体情况如表6-2所示。

表6-2 车船使用税的征税标准（核载人数9人及以下的乘用车）

发动机排气量	税金额度
1升（含）以下	60～360元
1～1.6升（含）	300～540元
1.6～2升（含）	360～660元
2～2.5升（含）	660～1 200元
2.5～3升（含）	1 200～2 400元
3～4升（含）	2 400～3 600元
4升以上	3 600～5 400元

土地使用税一般规定每平方米的年税额，大城市1.5～30元，中等城市1.2～24元，小城市0.9～18元，县城、建制镇和工矿区0.6～12元；

印花税共有 13 个征税项目，购销合同、加工承揽合同、建设工程勘察设计合同、建筑安装工程承包合同、财产租赁合同、货物运输合同、仓储保管合同、借款合同、财产保险合同、技术合同、产权转移书据、营业账簿及权利、许可证照，有的项目按比例税率征收印花税，有的按定额税率征收。

● 销售税

营业税税率有 3%、5% 和 20% 这 3 种，公司所处行业不同，适用的营业税税率就会不同，计税依据是各种应税劳务收入的营业额。

土地增值税是以转让房地产取得的收入，减去法定扣除项目金额后的增值额作为计税依据。

消费税是对少数已经征收增值税的消费品再征收的税种，这些消费品主要包括烟、酒、鞭炮、烟火、化妆品、成品油、贵重首饰珠宝及高尔夫球等。

城市维护建设税有 3 种税率，纳税人所在地为城市市区，税率为 7%；纳税人所在地为县城、建制镇，税率为 5%；纳税人所在地不在城市市区、县城或建制镇，税率为 1%。

教育费附加以纳税人实际缴纳的增值税、消费税或营业税的税额为计税依据，税率为 3%。

No.55
新公司有哪些需要缴纳的税种

税务机关会对注册公司进行定期税务核查，没有按规定交税的企业将受到一定的惩罚。所以新公司为避免不必要的麻烦就需要清楚自己要缴纳哪些税种。

新公司成立初期也会缴纳各种税费，因为税费的缴纳情况比较复杂，需要分不同行业，具体内容如下。

- **商品流通企业**：增值税、城市维护建设税、企业所得税、房产税、土地使用税、车船使用税、印花税和教育费附加，另外有营业税应税行为的，要缴纳营业税，有偿转让国有土地使用权、地上的建筑物及其附着物的，还要缴纳土地增值税。

- **工业企业**：增值税、城市维护建设税、企业所得税、房产税、土地使用税、车船使用税、印花税和教育费附加；另外，生产或委托加工烟、酒、化妆品、护肤护发品、贵重首饰、珠宝玉石、鞭炮、烟火、汽油、柴油、汽车轮胎、摩托车和小汽车等商品，要缴纳消费税；有营业税应税行为的缴纳营业税；开采原油、天然气、煤炭、其他非金属矿、黑色金属矿、有色金属矿和盐等产品，要缴纳资源税；有偿转让国有土地使用权、地上的建筑物及其附着物的，还要缴纳土地增值税。

- **建筑企业**：营业税、城市维护建设税、企业所得税、房产税、土地使用税、车船使用税、印花税和教育费附加，另外有偿转让国有土地使用权、地上的建筑物及其附着物的，还要缴纳土地增值税。

- **外商投资企业**：增值税或营业税、外商投资企业和外国企业所得税、房产税、车船使用牌照税及印花税；生产或委托加工烟、酒、化妆品、护肤护发品、贵重首饰、珠宝玉石、鞭炮、烟火、汽油、柴油、汽车轮胎、摩托车和小汽车等商品，要缴纳消费税；屠宰加工行业要缴纳屠宰税；有偿转让国有土地使用权、地上的建筑物及其附着物的，还要缴纳土地增值税。

- **服务业**：营业税、城市维护建设税、企业所得税、房产税、土地使用税、车船使用税、印花税和教育费附加；广告企业还要缴纳文化事业建设费；有偿转让国有土地使用权、地上的建筑物及其附着物的，还要缴纳土地增值税。

No.56
小规模纳税人和一般纳税人
有哪些区别

公司在缴纳税费前，先要知道自己是哪种纳税群体，因为不同的纳税群体其纳税的标准有所不同。比如小规模纳税人和一般纳税人，这两种纳税群体的纳税标准就不同，下面我们就来详细了解两者的区别。

小规模纳税人是指年销售额在规定标准以下，并且会计核算不健全（公司不能正确核算增值税的销项税额、进项税额和应纳税额），不能按规定报送有关税务资料的增值税纳税人。

一般纳税人是指年应征增值税销售额超过财政部规定的小规模纳税人标准的企业和企业性单位。一般纳税人的特点是增值税进项税额可以抵扣销项税额。两者的区别如表 6-3 所示。

表 6-3　小规模纳税人和一般纳税人的区别

项目	具体阐述
认定条件	主要从事生产或提供应税劳务（特指加工、修理修配劳务），年销售额在 100 万元以上的，可认定为一般纳税人，100 万元以下的为小规模纳税人；主要从事货物批发零售，年销售额 180 万元以上的可认定为一般纳税人，180 万元以下为小规模纳税人；工业企业年销售额 100 万元以下的和商品流通企业年销售额 180 万元以下的属于小规模纳税人；反之，为一般纳税人
税收规定	小规模纳税人只能使用普通发票，购进货物或应税劳务即使取得了增值税专用发票也不能抵扣；一般纳税人销售货物或提供应税劳务，可以开具增值税专用发票，购进货物或应税劳务可作为当期进项税抵扣
应交税金计算方法	小规模纳税人按销售收入除以（1+适用税率）后的金额再乘税率来计算应交税金，工业 6%，商业 4%；一般纳税人按"抵扣制"计算税金，即按销项减去进项后的余额交税
税率	小规模纳税人中，商业企业按 4%缴纳；工业企业按 6%缴纳（免税的除外）；一般纳税人分为 0 税率、13%税率和 17%税率

续表

项目	具体阐述
账务处理	在购买商品时，如果对方开具增值税发票，两者处理存在不同，小规模纳税人不能抵扣进项税，所以"应交税金——应交增值税（进项税额）"科目不能写在会计分录的借方，而一般纳税人就可以将这一科目写在会计分录的借方，借以抵扣进项税，如下案例

2016 年 2 月，甲公司购买了乙公司生产的产品 10 000 元，且甲公司是商业企业，付款方式定为银行付款。

若甲公司为小规模纳税人，那么会计分录应为：

借：库存商品　　　　　　　　　　　　　　　　　　10 000

　　贷：银行存款　　　　　　　　　　　　　　　　10 000

若甲公司为一般纳税人，那么会计分录应为：

借：库存商品　　　　　　　　　　　　　　　　　　8 300

　　应交税金——应交增值税（进项税额）　　　　　1 700

　　贷：银行存款　　　　　　　　　　　　　　　　10 000

No.57
怎样让公司合理避税

> 创业者首先要明确的是，合理避税是一种合法行为，切不可认为合理避税就是逃税。避税是市场经济特有的一种现象，也逐渐成为一种经营艺术。那么公司要怎样才能合理避税呢？

避税是指纳税人利用税法漏洞或者缺陷，通过对经营及财产活动的安排，使纳税负担降到最小的经济行为。那么如何才能合理避税呢？这就需要对税务进行筹划，使纳税人达到合理避税的目的。

● 合理运用国家的免税政策

保税区和出口加工区等特定区域进口的区内生产性基础项目所需的机器、设备和基础建设物资可以免税。

区内企业进口企业自用的生产管理设备和合理数量的办公用品及其所需维修零配件，生产用燃料，建设生产厂房、仓储所需的物资及设备可以免税。

行政机构自用合理数量的管理设备和办公用品及其所需的维修零配件可以免税。

从事科学研究开发的机构和国家教委承认学历的全日制大专院校，不以营利为目的，在合理数量范围内进口国内不能生产的科学研究和教学用品，且直接用于科学研究或教学的，可免征进口关税、进口增值税及消费税。

民政部直属企事业单位和省、自治区、直辖市民政部门所属福利机构及康复机构进口的残疾人专用物品，免征进口关税、进口增值税和消费税。

外国民间团体、企业、友好人士、华侨、港澳居民和台湾同胞无偿向我国境内受灾地区（仅限于新华社对外发布和民政部《中国灾情信息》公布的受灾地区）捐赠的直接用于救灾的物资，在合理数量范围内免征关税、进口环节增值税和消费税。

对境外捐赠人无偿向受赠人捐赠的，直接用于扶贫和慈善事业的物资，免征进口关税和进口环节增值税。

● 合理加大成本

在合法范围内增加企业经营成本，进而减少企业的营业收入和营业利润，相应地要缴纳的税金就会减少。比如，将公司合理数量的租金计入成本中，以此减少公司利润收入。

- **转移产品定价**

在经济活动中，有经济联系的公司各方为了转移收入和均摊利润等，在交换或买卖行为中不依照市场买卖价格进行交易，而采取高于或者低于市价的方式来交易。

- **对设备采取快速折旧法**

对设备进行快速折旧，每个会计周期要摊销的折旧费就会增多，从而减少当期所得，降低应交税金。

- **采用"分灶吃饭"**

把业务分散，原来一个公司名下做的业务分成 2~3 个公司做，这样既可增加成本摊销，又可降低企业所得。比如，公司现在做一年 30 万元的盈利，需要交 99 000 元的所得税，若分成 3 个公司做，一年每个公司就是 99 000 元的盈利，那么所得税 3 个公司一共是 81 000 元，而其实因为成本渠道的增加，3 个公司年利也不会做到 30 万元了，很多成本已经重复摊销和预提，节约下来的税就不仅仅是近 2 万元的税了。

- **高税区往低税区走**

各个特区和开发区在税率方面都有优惠政策，把公司总部转设在这些地方，如深圳的企业所得税才 15%，香港特别行政区也是一个低税区，一般企业所得税不超过 8%。公司的工厂和分公司的一切业务总核算都记到公司总部去，也就能享受国家的优惠政策。企业结算从高所得税区向低所得税区走，从有税负率的地区向没有税负率的地区走。

- **借用"高新技术"的名义**

国家很多高新技术的研发得到国家的大力支持，享受国家税务优惠，两免三减半（2 年免征、3 年减半征收）和三免五减半（3 年免征、5 年减半征收）等。企业可以把符合"高新技术"这一条件的业务和产品套进这些减免税政策中搭个"顺风车"。

● 借用"外资"名义对企业进行改制

国家对外资公司实行税务优惠政策，公司也可搭乘"外资"这趟"顺风车"。

● 与学校的校办工厂联合

校办工厂在税务方面享受国家的特别优惠政策，与之联合也会相应减少应缴纳税额。

No.58
怎样预防财务风险

> 财务风险是企业在财务管理过程中必须面对的一个现实问题，财务风险是客观存在的，企业管理者对财务风险只有采取有效措施来预防和降低风险，而不可能完全消除风险。

财务风险是指公司财务结构不合理或融资不当，使公司可能丧失偿债能力，导致投资者预期收益下降的风险。为了自身着想，公司应该怎么做才能预防财务风险呢？

（1）增强财务人员风险观念，完善财务监督机制

财务人员对风险认识滞后，而财务活动贯穿于企业活动的全过程，因此有必要增强财务人员的风险意识。对企业的管理方式进行改革或重组，建立严格的检查考核和监督制度，健全财务管理规章制度，加强管理基础工作，提高企业财务人员对预测可能性风险的敏感程度。

为了实现财务管理目标，降低财务风险损失，必须加强财务监督，使企业安全运行，达到预期效果。公司在内部建立审计体系，设立专门的审计机构，配备审计专业人员，制定专门的审计程序，同时建立财务

人员问责制，使企业的财务风险与每个人的利益挂钩，让财务人员真正重视财务风险，提高对风险的警惕性。

（2）多元投资，分散风险

企业实行多元化投资能有效避免财务风险给企业带来的损失。公司可通过企业联营、多种经营及对外投资多元化等方式分散财务风险；对于风险较大的投资项目，企业可以和其他企业一同融资，以实现收益共享、风险共担，从而降低企业投资风险，避免企业因单独承担投资风险而产生财务风险。

企业还可通过某些手段将部分或全部财务风险转移给他人承担，包括保险转移和非保险转移。比如，将财产损失的风险通过购买财产保险的方式转移给保险公司；公司还可将某类特定风险转移给专门机构或相关部门。比如，将产品卖给商品部门，将一些特定业务交给拥有专门人员、有丰富经验技能和设备的专业公司去完成等。

（3）合理调整资金结构，建立资金控制制度

从两方面着手建立资金控制制度，一是健全公司财务管理指标体系，如指资本保值增值率、资产报酬率、净资产收益率；二是限定负债比例，一般根据各行业的不同标准设定不同的负债比例，限定对外担保，将可能发生的负债列入负债管理，设立"财务结算中心"，模拟银行存、贷款及货币结算功能，服务于企业内部关联性的企业。

（4）建立一套风险预警系统，并做好存货管理

建立财务预警分析指标体系，以各项指标作为风险信号，随时提醒公司；建立长短期财务预警系统，编制现金流量预算，确保企业有足够现金用于各种支出。

企业保持一定量的存货对于其进行正常生产来说是至关重要的，但

如何确定最优库存量是一个比较棘手的问题，存货太多会导致产品积压，占用企业资金，风险较高；存货太少又可能导致原料供应不及时，影响企业的正常生产，严重时可能造成对客户的违约，影响企业的信誉。所以公司要做的就是确定最优库存量。

（5）选择恰当的合同货币

在有关对外贸易和借贷等经济交易中，选择何种货币作为计价货币直接关系到交易主体是否将承担汇率风险。为了避免汇率风险，企业应该争取使用本国货币作为合同货币，在出口和资本输出时使用硬通货，而在进口和资本输入时使用软通货；同时在合同中加列保值条款等。

No.59
财务报表该怎样看

> 一个公司的财务人员和领导人都应该会看财务报表，只有看懂财务报表，才能发现公司财务问题，并及时做出相应的决策，防止公司经营受到财务风险隐患的威胁。

不是人人都能看懂财务报表的，作为公司方，不论是制作财务报表的财务人员，还是查看财务报表的管理人员，都应该学会怎么看财务报表，这样可以及时确认公司的财务是否存在问题。

（1）认识三大基本财务报表

财务报表是公司的财务部门按照会计准则编制，向公司的所有者、债权人及其他相关部门展示和反映公司本期内的财务状况和经营成果的会计报表。

● **资产负债表**：表示公司在一定时间周期内（通常为一个会计年

度）的资产、负债和所有者权益状况的会计报表。资产负债表遵循会计平衡的原则，即：资产=负债+所有者权益。

● **利润表**：也称为损益表，反映一定时间周期内公司的收入、费用和应该记入当期利润的利得及损失金额的结构情况。

● **现金流量表**：反映企业在一定会计期间内，现金及现金等价物流入和流出情况的报表。

（2）看财务报表的各项数据

查看报表的人要知道各种报表具体包含哪些内容，哪些内容需要重点查看，哪些内容可以粗略检查。

● 资产负债表的相关数据

资产负债表中包括三大类数据，资产、负债和股东权益。具体情况如图 6-3 所示。

资产	分为流动资产和非流动资产，包括货币资金、应收票据、应收账款、应收利息、预付账款、应收股利、其他应收款、存货、持有至到期资产、长期应收款、固定资产和在建工程等。其中公司需要特别注意的是应收票据、预付账款、持有至到期资产和在建工程等科目。
负债	分为流动负债和非流动负债，包括短期借款、应付票据、应付账款、应交税费、预收账款、应付职工薪酬、应付利息、长期借款和长期应付款等。其中应付票据、应交税费、预收账款、应付职工薪酬、长期借款和长期应付款等需要特别关注。
股东权益	股东权益账户下的科目较少，包括股本、资本公积和盈余公积等。股东权益账户中，需要特别注意的是股本和盈余公积，盈余公积的大小变化要引起查账者的注意。

图 6-3　资产负债表的相关数据

● 利润表的相关数据

利润表包含 4 个层次的数据，营业收入、营业利润、利润总额和净利润。营业收入由主营业务收入和其他业务收入（公允价值变动收益和投资收益）组成，扣除营业成本（营业税金及附加、销售费用、管理费用、财务费用和资产减值损失等）后就是营业利润，营业利润再减去所得税费用就是公司的净利润。

在查看利润表的这些数据时，要特别留意销售费用、管理费用和财务费用的数据大小，确定费用金额没有弄错弄混，其次要注意公允价值变动情况和资产减值损失。

● 　现金流量表的数据

公司的现金流量项目太多，查账的人只需在金额奇怪、金额庞大或金额过小的地方特别注意即可。

● 　财务报表的"六看"

一看利润表，对比今年与去年收入增长是否在合理范围内。

二看企业的坏账准备，有些企业售出产品但款项收不回来，但它在账面上却不计提或提取不足，这样的收入和利润就是不实的。

三看长期投资是否正常，有些企业在主营业务之外会有一些其他投资，此时要看这些投资是否与主营业务相关，若不相关，则要注意，这些投资的风险会很大。

四看其他应收款是否清晰，有些企业的资产负债表中其他应收款很乱，很多收不回来的陈年老账都放在里面，扰乱视线。

五看公司业务是否有关联交易，尤其注意年中大股东向上市公司借钱，年底再利用银行借款还钱，从而在年底报表上无法体现大股东借款的做法。

六看现金流量表是否能正常反映资金的流向。

- 对比数据之间的"猫腻"

看应收账款与其他应收款的增减关系，若是同一单位的同一笔金额由应收账款调整到其他应收款，则表明有操纵利润的可能。

看应收账款与长期投资的增减关系，若一个单位的应收账款减少而长期投资增加，且增减金额接近，则表明存在利润操纵的可能；看待摊费用与待处理财产损失的数额，若待摊费用与待处理财产损失数额较大，有可能存在拖延费用列入损益表的问题。

比较借款、其他应收款与财务费用，如果公司有对关联单位的大额其他应付款，同时财务费用较低，说明有利润关联单位降低财务费用的可能。

（3）掌握分析方法解读报表

查看报表的人掌握一定的解读报表的方法，可以有效提高报表检查效率。

- 比较分析法

通过对两个或两个以上的可比数据进行比较得出结论。例如，把今年的相关财务数据与公司历年数据比较；将公司数据与同行业平均数据或竞争对手的数据进行比较；用公司实际发生的财务数据与公司的预算数据进行比较。

- 因素分析法

按照财务指标和其包含因素之间的关系，从数量上确定各因素对指标的影响程度。例如，分析公司本月的主营业务收入为什么少于上月主营业务收入，这个收入的差额就是分析对象；然后知道为什么会出现这个差额，是由于什么原因引起的；若在分析过程中发现出现差额主要是因为公司的人员不够，则要计算多少人员可以使这个差额被弥补；最后分析出人员对公司收入的影响是大还是小。

No.60
国家的退税规则
适合所有类型的公司吗

> 退税是指国家按规定对纳税人已纳税款的退还，这是国家为鼓励纳税人从事或扩大某种经济活动而给予的税款退还政策。那么国家的退税规则就一定适合所有类型的公司吗？

退税项目一般包括出口退税、再投资退税、复出口退税和溢征退税等多种形式，每种退税规则适合的公司类型都有所不同，有可能是公司的类型不符合退税规则，但公司内部某些业务符合退税规则，具体情况如表 6-4 所示。

表 6-4　不同公司的退税规则

公司类型	退税规则
生产企业	该类企业出口本企业经营范围内的产品时会有退税优惠；出口的自产货物在当月内应抵的进项税额大于应纳税额时，对没有抵扣完的部分予以退还
外贸企业	对该类企业发生的进项税额进行退税，所退税额是国内采购部分发生的增值税；国家对外贸企业的出口商品没有限制，只要是在国内采购并开具增值税发票的产品都可以退税，且退税率不能为 0
软件企业	软件企业增值税负超过 3 个点的可以申请退还，但只有增值税一般纳税人才能抵扣进项税金，小规模纳税人即使拿到专用发票也不能抵扣
外商投资企业	外商投资企业的外国投资者在申请再投资退税时，提供能够确认其用于再投资利润所属年度的证明。凡不能提供证明的，税务机关可就外国投资者再投资前的企业账面应付股利或未分配利润中属于外国投资者应取得的部分，从最早年度依次往后年度推算再投资利润的所属年度，并据以计算应退还的企业所得税税款

公司类型	退税规则
具有外贸出口经营权并承担国家出口创汇任务的企业	经过经贸主管部门批准，享有独立对外出口经营权的中央和地方外贸企业、工贸公司和部分工业生产企业可以享受退税优惠
委托出口的企业	是指具有出口经营权的企业代理出口，承担出口盈亏的企业，这些企业一律先按照增值税暂行条例规定的征税率征税，然后由主管出口退税业务的税务机关在国家出口退税计划内按规定的退税率审批退税
对外提供加工修理修配劳务的公司	这样的公司，其业务被称为出口货物劳务，发生的增值税和消费税也能享受退（免）税的优惠
特准退税的情况	外轮供应公司销售给外轮、远洋货轮和海员的产品；对外承包工程公司购买国内企业生产的，专门用于对外承包项目的机械设备和原材料，在运出境外后，凭借承包单位出具的购货发票和报关单办理退税；国际招标和国内中标的机电产品

此外，明确不予以退税的情况有以下几种。

● 有些公司出口原油的出口原油不予退税。

● 援外出口产品。

● 国家禁止出口的产品。

● 出口企业收购出口外商投资的产品。

● 外商提供全部原材料进行加工和装配的出口产品。

● 军需工厂销售给军队系统的出口产品。

● 军工系统出口的企业范围。

● 对钻石加工企业用国产或进口原钻石加工的钻石直接出口或销售给外贸企业出口。

- 齐鲁、扬子、大庆三大乙烯工程生产的产品。

- 未含税的产品。

- 个人在国内购买且自带出境的商品。

由上述内容可以看出，不是出口企业或没有涉及进出口业务的公司，一般不能享受退税政策。

No.61
创业公司有可利用的纳税技巧吗

创业公司在经营初期，资金紧张是很正常的事，所以很多时候创业者需要积极寻找一些纳税技巧，减少公司应缴纳的税额，从而减轻公司的经济负担。那么创业公司有哪些可以利用的纳税技巧呢？

创业公司可以利用的纳税技巧认真对待纳税一事，打理好税务事宜。下面来具体了解创业公司可利用的纳税技巧。

- **及时报税：**定期将公司的交税事务报给公司的报税师，他们会给出适合公司的信息，提供预见性的建议。

- **清楚最后期限：**这取决于公司的纳税年度和公司经营实体类型，它们的最后期限是不同的。另外，各种不同的经营内容有不同的交税期限。为了把不必要的罚款和利息降到最小，清楚交税的最后期限并按时缴纳是一定要做到的。

- **查询公司所在工业部门是否有特殊税收要求或待遇：**每个工业部门在不同方面有不同的税收标准，公司清楚这些标准并利用这些标准缴纳税额。

- **为养老金计划投资：**投资养老金计划可以减少公司的确定利润，进而减少税额。

- **技术入股增加成本费用**：将技术专利作价投入公司，一方面可改善公司的财务状况，减少投资时的资金压力，一方面作价入股后计入无形资产，可以合理摊销，增加成本费用，减少利润，少缴所得税。

- **网销少缴税**：根据国家税务总局的规定，在供需经济活动中使用电话、计算机联网订货而没有开具书面凭证的，暂不贴花。因此企业可以放弃传统的经商模式，改为通过计算机联网订货的形式，使所有订货过程都在网上完成，这样即可节省印花税。

- **巧妙应对房产税**：将租金分解成 3 部分，即房租、场地租赁费和设备租赁费，并重新和客户签订合同，只对房租交房产税。

- **存款少推迟缴税**：企业存款少时可以申请迟缴。一般当可动用的银行存款（不包括企业不能支付的公积金存款，国家指定用途的存款，各项专用存款）不足以支付当期工资（企业根据工资制度计算出的应付工资），或者支付工资以后不足以支付应交税金。如果出现这样的情况，企业可及时申请办理延期缴纳税款的手续。

- **不发补贴发双薪**：根据个人所得税政策的规定，过节费需要并入当月工资缴纳个人所得税，而发放年终双薪可以单独作为一个月的工资薪金计算个人所得税，由于不需要与当月工资合并缴纳个税，因此可以降低税率，减少员工的个人所得税负担。

- **多拿进项多抵扣**：作为一般纳税人，销项减去进项就是要缴的税，因此多拿进项就可少缴税。这些进项包括购买办公用品的进项、购买低值易耗品的进项、汽车加油的进项及购买修理备件的进项。

第7章

公司的推广与营销手段

创业者的公司成立以后，并不是坐等客户上门。新建立的公司没有什么名声，被客户知道的概率微乎其微，如果不对公司进行推广，那么公司很难有业绩。所以创业者在公司成立并做好人事行政工作后，就要宣传推广公司，进而吸引客户与公司合作。

No.62
创业初期该如何提升公司形象

> 一个公司的形象往往会影响公司的业务拓展情况，公司形象如果不好，客户可能不愿意与公司合作，公司要想打开市场就很困难。那么在创业初期，如何才能提升公司的形象呢？

企业形象是企业精神文化的一种外在表现形式，它是社会公众与企业接触交往过程中所感受到的总体印象。对于创业初期的公司来说，这关系着公司以后的业务发展情况，那么该怎样做才能提升公司形象呢？

- **着装正式，让别人看到诚意**：公司业务员或高层在与客户接触交流时，穿着正式可以体现公司对待事情的认真态度，进而让客户感受到公司的诚意，获得客户的欣赏和认可。

- **提高人员素质**：公司不仅要提高员工的素质，培养员工的敬业精神，同时还要提升高层领导和中层管理人员的素质，使得领导和管理人员能够体恤下属，让全公司上下的人都具有良好的素质，这样可以提升公司的整体形象。

- **为公司取一个好的域名**：域名设置的目的是便于记忆和沟通，它表示的是服务器的地址，有的是网站，有的是电子邮箱，还有的是FTP（一种应用程序）。给公司设置一个好的域名，方便客户记忆，同时显得公司比较专业。

- **增加安全性，为公司添彩**：业务员在与客户交流时，出示的文件尽量显示"机密"或"保密"等体现安全性的字样，给客户一种高大上的感觉，让客户觉得公司在对待工作内容上很专业，很有职业操守。

- **管理有形资产的形象**：一般公司最具代表性的有形资产就是办公场地和办公设备。公司将办公场地建设得漂亮一点，稳重一点，办公用品配置简单大方一点，给客户呈现的公司形象就会更好；公司在提升有形资产的形象时要注意自身的能力，不要过分投资有形资产导致资金周转困难，出现破产的迹象，这样反而会降低公司在客户心目中的形象地位。

- 无形资产的形象管理：公司商标和专利等都属于无形资产，然而很多公司都没有重视无形资产的形象，导致商标被别人注册，专利被别人侵犯，使公司蒙受巨大的损失。商标和专利等被抢，公司的形象也会随之受损，同时还要花时间重新设置商标。

- 推出最有特色的产品：产品的好坏直接影响客户对公司的印象，特色鲜明的产品能够受到客户的关注，满足客户需求的产品才能获得客户的认可，进而提升公司在客户心中的形象。

- 展现良好的企业文化：公司若有先进的且正确的文化观念、价值观念、企业精神、道德规范、行为准则、企业制度及文化环境等，反映给客户的感受就大不相同。很多大客户就会根据公司的企业文化决定是否与公司合作。

- 提供全面周到的服务：在这个服务行业发展迅猛的经济市场中，越来越多的客户开始注重商品的服务质量，有时商品质量一般，但公司的服务态度很好，客户也会"买账"认可公司的产品。

No.63
如何做好市场调研工作

公司进行市场调研工作就是了解同类产品在市场中的需求和供给情况，进而做出生产或销售策略。为了获得有效的信息资源，公司就需要进行有效的市场调研工作。

对于初创公司来说，在没有业务的情况下更应该做好市场调研工作，保证公司一进入运营状态就有业务上门。具体做法如下。

（1）细心规划调研流程

科学、系统和严谨是企业进行调研工作的三大关键词。为了保证整个调研活动的科学、系统和严谨，高效达到调研目标，在活动正式开展前，企业应当首先做好调研活动流程设计，制定严格的时间表和费用控制表，同时将每个工作环节细化落实到个人，既注重整体又责任明确，以确保调研工作的准时及有效完成。

（2）设计好的调查问卷

问卷调查是市场调研中最常用的定量调查方法。在问卷调查中，问卷设计是非常重要的环节，甚至决定市场调研的成功与否。为此，公司要先确定研究的目标和内容，然后对问卷问题进行缜密设计，同时考虑问卷结果的录入、编码和统计分析的方便性。图 7-1 所示为××公司设计的调查问卷。

图 7-1　××网络会所的调查问卷

虽然这项程序对于调研工作并非唯一和绝对，但依此步骤进行，可以在很大程度上提高问卷水平。

（3）预调研

在正式调研之前，市场预调研是一项必不可少的工作。通过访问一些典型的被访者来审核问卷结果的正确性，企业在问卷初稿中检查出缺陷时要及时解决，否则会直接影响调研质量。试访后进行修订，避免大规模投放缺陷问卷后带来的人员、时间和资金的浪费。

在预调研中，参加的被访者是否是典型是十分重要的，调研人员可从中发现一些普遍性问题。例如，若只有一个被访者对某一问题提出疑问，调研者可不对其进行关注，但若有 3 个被访者对同一问题提出疑问，调研者就该重新考虑此问题。

（4）修正调查问卷

在预调研工作完成后，调研者要重新站在被访者的角度上思考，"这个问题的意思表达是否清楚"、"这样的结构是否可以理解"、"短语表达是否清晰"及"是否带有倾向性的引导性词语"等。如果预调研时没有被访者提出疑问，则公司即可省掉该环节。

提示

在一次市场调研工作中，访问员的工作能力也会影响调研的质量，所以在正式进行调研工作之前，公司要对访问员进行专业的培训，以此来提高调研工作的质量。

No.64
新媒体时代的广告营销
及渠道有哪些

在供过于求的市场中，推销永远比生产重要。在这个新媒体时代，公司的推销方式和渠道多种多样。接下来具体了解广告营销及各种营销渠道。

在这个信息爆炸的时代，酒香也怕巷子深。在竞争这样激烈的创业环境下，公司如果不做推广宣传就很难得到发展。所以，现在人们一出门就能看见各式各样的广告，并且也都清楚，广告如果做得不够有趣，就无法吸引顾客的眼球，更不要说卖出产品了。

（1）广告营销

广告营销是指企业通过广告对产品展开宣传推广，促成消费者的直接购买，扩大产品的销售，提高企业的知名度、美誉度和影响力的活动。随着经济全球化和市场经济的迅速发展，在企业营销战略中广告营销活动发挥着越来越重要的作用，是企业营销组合中的一个重要组成部分。那么广告营销具体有哪些策略呢？

● 脱去广告味儿

现在市场上有很多公司为了做广告而做广告，渐渐忽视了广告宣传的目的，导致放到市场中的广告不能吸引消费者。为了设计有特色的广告，公司首先要考虑的就是脱去广告的广告味儿，以崭新的广告理念吸引消费者的眼球。比如，制作情景广告，在情景中自然插入公司需要宣传的产品，让消费者在视觉体验中牢牢记住产品的功效。

● 营造想象空间

有些广告制作得意味深长，给观众留下充分的想象空间。比如，拍摄一段驾车视频，到处自驾旅游，在适当的时间点结束视频，把自驾游带给观众的美好愿景植入观众的脑海，让观众自己去想象开车旅游的悠闲生活，从而达到宣传车的效果。

● 无心哗众却尽显幽默

要做到这点确实很难，但公司的广告可以朝着这个目标发展。无心哗众却能让观众捧腹大笑，在娱乐观众的同时还能让观众记住产品，实现"双赢"。比如，脑白金的广告词"今年过节不收礼，收礼还收脑白金"。

● 大力宣传产品的实用性

人们在这个物价飞涨的时代，越来越追求实际，产品的实用性成为消费者选择购买时的重要考虑因素。所以公司可以在广告中重点提及产品的实用性，来吸引消费者的注意力。

● 名牌效应

对于初创公司来说，这一策略并不好实施，经营名牌不是件简单的事，很多名牌的特许经营条件很严格。虽然这样，但公司可以自己营造出名牌产品的效应，在广告的视觉效果和台词设计上下功夫，画面精美，语言得体，让产品看起来就是名牌。

（2）广告营销渠道

广告营销可以通过很多渠道进行，不同的渠道其优缺点各不相同，具体情况如表 7-1 所示。

表 7-1　各种广告营销渠道的优缺点

渠道	特性
电视广告	电视广告是最直观、最有效和最直接的一种融合视觉、听觉和感觉于一体的传播。比如，四川一个后辈用 DV 帮奶奶寻根的故事作为主线索，将杜甫草堂的清幽、武侯祠的意境、茶社龙门阵的喧闹、春熙路的时尚和地道小吃的火爆通通展现出来，达到宣传成都旅游景点的效果
报纸广告	所谓的报纸广告就是指刊登在报纸上的广告，它的特点是发行频率高、发行量大且信息传递快。但报纸广告很容易被人遗忘，很多人在看过一遍以后就很少会保存报纸
网络广告	在网络高速发展的今天，网络广告越来越受到企业的青睐，因为网友这一群体是庞大的，可以快速有效地传播信息。比如，通过手机、地铁站的移动电视及电脑网页等。但网络广告很容易被其他广告覆盖，因为网络信息量太大，更新的速度极快
广播	自从国家开始实施新农村的改革后，很多村庄都安装了广播，每天到点儿播放。企业经营的产品如果和农民生活有关，就可以通过广播的形式进行推广。广播形式的广告有个明显的缺点就是不能对听众产生视觉冲击，不能实实在在地展示产品

No.65
新公司如何进行二维码推广

> 现在的市场中，随处可见扫二维码关注微信公众号即可赢取礼品的活动。因为不用支付任何成本，所以很多人愿意这么做而赢得礼品，所以推广力度较大。那么新公司要如何进行二维码推广呢？

二维码是二维条码的简称，它是用某种特定的几何图形按一定规律在平面（二维方向）上分布的黑白相间的图形，用来记录数据符号信息。

二维码的扫描很简单，所以很多企业推出扫描二维码并关注公司的微信公众号就能赢取小礼品的活动，以此来吸引消费者的眼球，同时达到宣传公司和产品的效果。新公司可以学习二维码推广的方法来宣传公司和公司的产品。

- 通过时间：二维码出现的地方最好是当用户从 A 处到 B 处的中间通道，例如在地铁、公交、飞机或者火车上。在漫长的旅途中，两面的通道正是最好的市场宣传地，也是最理想的 QR 出现的场地。

- 重新创造购物体验：如何才能把工作勤勉、时间紧张的上班族引诱到商店里呢？通过在地铁和地铁车站里设置虚拟商店，为他们带来别样的购物体验。通过栩栩如生的超市货架图片，鼓励等待地铁的购物者用智能手机扫描产品的二维码，并把它们加入购物车里。他们所下的订单将被直接送到顾客的家门口，免去携带又大又沉的购物袋的麻烦。

- 增强用户体验：一些聪明的博物馆和美术馆就意识到二维码在增强用户体验上的潜力。比如，某艺术博物馆就在展品旁边放置二维码，引导参观者上网浏览或通过语音导览欣赏展品。

- 简化与顾客互动的方式：很多商店利用二维码简化与顾客互动

的方式。顾客不用再排队等待付款，而只需把付费卡和手机应用绑定，就可以更快捷地完成支付，还能通过公众号更多地了解产品和商店的信息。

● 随时随地记录喜欢的东西：二维码扫描关注，就能迅速记录下想要关注事物的名称，然后查看具体的信息。比如，在餐厅的你对眼前的红酒爱不释手，你无须在餐巾纸上写下酒厂的名字，直接扫描二维码酒标就可以更详细地了解该酒的有关信息。

● 给顾客想要的东西：在二维码宣传时，可以与正在做活动的一些其他商品联合。比如，顾客扫描了饮料杯上的二维码后，就可以免费下载音乐。公司在使用该方法时，一定要了解自己产品的消费群体，再根据消费群体的性质联合相应的商家。比如，老年保健品上的二维码，顾客扫描后就有机会抽奖，赢取按摩椅等健身器具。

● 让二维码成为查询专家：基本情况下，很多人以为二维码就只是一个链接，链接用得好就是信息。而最好的效果是将二维码当作能时刻查询信息的专家。有人在自家销售的鲜花和蔬菜上张贴了二维码，提供给用户诸如多长时间应该浇花和需要多少日照等信息。

● 制作更有创意的二维码：在基本的黑白方块堆砌上增添新的元素，让用户看到二维码就知道你们的用途。但无论如何创新都要保证可正确下载。

No.66
如何利用微信公众号推广

微信公众号是开发者或商家在微信公众平台上申请的应用账号，通过公众号的方式进行推广，已经成为一种线上线下主流的微信互动营销方式，很多企业也正在使用这种方式推广自身的产品或服务。

通过微信公众号，商家可在微信平台上实现和特定群体的文字、图片、语音、视频的全方位沟通、互动。在实施微信公众号推广措施之前，创业者要学习相关的微信营销知识。

平时多逛微信营销的 QQ 群，在这些 QQ 群里，浏览者可以看到大家在聊什么，学到很多微信营销的方法。公司还要想方设法早一点通过微信认证，因为越往后越难办理，而且微信的认证对提升企业的信任度很重要。那么创业者具体要怎样利用微信公众号推广自己的公司呢？

● 推送小知识和小技巧

不一定每次都推送文章，推广一些小知识、小技巧、笑话旅游等，也是很好的方法，只要能帮助到潜在顾客和读者都可以。因为信息量小，不会影响订阅客户的生活，并且可以学到新知识，这样的公众账号是很受欢迎的。

● 线下微信签到有礼

对于公众账号来说，不能登录手机微信就享受不到查找附近的人和摇一摇这样的福利，所以只能在对外宣传上下功夫，用微信二维码来吸引粉丝。虽然公众微信不能像早期微博转发有奖的形式一样来吸引粉丝，但可以通过线下活动签到来增加粉丝。适用于展会、会议、影院及咖啡馆等聚众地点。

● 微生活会员卡

微信的微生活会员卡是针对地标购物中心的营销方式，通过微信扫描商场二维码获得微生活会员卡，享受商家优惠、获知商家优惠信息和一些特权优惠政策。适用于餐饮、商场、超市和百货等。

● 陪聊

细心的公众账号维护专员可以发现，公众平台已经提供了基本的会话功能，可以主动与微信粉丝发起会话沟通，但粉丝越多，陪聊的人工成本越大，需要根据自身的经营范围考虑是否采取这种方式。

● 巧妙设置自定义回复

公众平台后台可设置的自定义条目上线是200条，若是单纯的设置你好、地点、简介等关键词就太平庸了，反而让新粉丝感到无趣，在此基础上就要动一下脑筋。例如，首先设置关注自动回复内容："很高兴关注我们××××，请回复数字1了解我们，输入2了解优惠，输入3了解礼品，输入4了解地点……"依此类推，这样引起新粉丝进行互动，当粉丝输入数字后，还可以设置下一条内容，一步一步让自定义回复更有趣味性。

● 微社区互动

微社区是基于微信公众账号的互动社区，可以广泛应用于微信服务号与订阅号，是微信公众号运营者打造人气移动社区、增强用户黏性的有利工具。微社区解决了同一微信公众账号下用户无法直接交流互动的难题，把公众账号"一对多"的单向推送信息的方式变成用户与用户、用户与平台之间的"多对多"沟通模式，双向交流给用户带来更好的互动体验，让互动更便捷、更畅快。

基于话题和共同兴趣，结合发帖和回复，促使用户从被动的信息接收者转向移动互联网信息的创造者，在公众账号与用户、用户与用户之间的互动中共同完成内容的制造和传播。

● 微小店

微信小店基于微信支付，包括添加商品、商品管理、订单管理、货架管理和维权等功能，开发者可使用接口，批量添加商品，快速开店。用户必须完成微信认证，接入微信支付的服务号，才可在服务中心申请开通微信小店功能。

● 注重微信内容的细节

微信的内容中，选择合适的图片很重要，经常去相关的微博或网站里获取一些行业里的图片，使用时要注意图文匹配，不能文不对图。细分板块，因为板块是供不同层次客户选择分享的，也是起到让读者有挑选余地的作用。

● 注重推送内容的时间

晚上或下午推送内容最好，因为要考虑这些时间段读者有足够的时间来阅读，白天推送内容，适合做产品的促销，那时顾客可以订购产品，带来产品真正的销售。

● 注重微信营销的服务质量

企业先学好服务 500～1 000 个微信客户，用户多少不代表营销能力，它仅仅是一个数量，用户的互动价值和关注价值才是微信营销的核心，多创造和读者沟通的话题，多涉及读者关心的话题让整个公众账号活跃起来。

● 注重公众号的活跃度

如果水不流动，就会变成死水，同样的道理，公众账号没有活跃度就是一个死号，所以每天的内容编辑是活跃的核心价值，如果三天打鱼两天晒网就没有任何价值。

● 结合当地人文环境

微信营销要结合当地市场的消费观、地理文化和地域文化等，否则所有的内容和辛苦都白费，经营微信营销的企业应该有独立的见解，推动行业发展为主导，服务顾客为导向。

No.67
创业公司要不要建立微博和博客

> 微博和博客都是网络推广的有效平台，现在很多公司都有自己的微博账号及博客网站，来推广自己公司的产品。创业公司可以借鉴这两种方式给公司做推广，增加公司的知名度。

博客的正式名称为网络日志，是一种通常由个人管理且不定期更新文章的网站，一个典型的博客结合了文字、图像、其他博客（或网站的链接）及其他与主题相关的媒体，让读者以互动的方式留下意见。

微博是微型博客的简称，是博客的一种。它通过关注机制分享简短实时信息，是一种信息广播式的社交网络平台。因此，微博和博客的功能大同小异，其用来做推广的优点也差不多。通过对两者的功能优点的学习，创业公司就知道建立微博和博客也能对公司的宣传推广起到一定的作用。

（1）微博与博客对外意义

微博与博客对公司来说，可以吸引用户关注公司，提高公司的知名度，进而起到宣传推广的效果。

● 便捷性

微博和博客提供了这样一个平台，用户既可以作为观众，在微博或博客上浏览你感兴趣的信息，也可以作为发布者，在微博或博客上发布内容供别人浏览。博客上可以发布的内容较长，文章也能发布，但微博上发布的内容一般较短，例如 140 字的限制，而微博也是由此得名；还可以发布图片、分享视频等。

微博和博客的最大特点就是发布信息快，信息的传播速度也很快。例如，你有 200 万名听众（粉丝），你发布的信息会在瞬间传播给 200

万人。其中，强调版面布置的博客在语言编排组织等方面的要求要高一些，而微博的内容组成只是简单的只言片语，对用户的编辑技术要求很低，且在语言的编排组织上没有博客那么高。

大量的用户还可通过手机和网络等方式即时更新自己的个人信息。一些大的突发事件或引起全球关注的大事件，都能在微博或博客上发表出来，其实时性、现场感及快捷性，有超过所有媒体的趋势。

● 面对面与背对脸

"面对面"是博客用户的交流方式，"背对脸"是微博用户的交流方式。微博上的背对脸交流就好比你在电脑前打游戏，路过的人从你背后看着你怎么玩，而你并不需要主动和背后的人交流，可以一点对多点，也可点对点。当你关注一个自己感兴趣的人时，两三天就会上瘾。而博客的面对面方式是博主通过在博客上的写作，给自己带来人气和名气，最终为自己带来名利。

当然，这类人刚开始写博客时并没有目的性，只是随着时间的推移，发现博客有这样营销自己的功能。

● 宣传成本低

创业公司通过微博或博客宣传自己的公司或公司的产品，不需要花钱做广告，不需要花钱买报纸的刊位，不需要花钱买黄金时段的广告位。创业者或者公司的宣传推广人员只需要认真编辑要在微博或博客上发布的内容，做好图片或视频的编辑，保证发布的内容能有效且快速地吸引用户的眼球，就达到了宣传的效果。

● 宣传范围广

公司的微博账号或博客账号拥有的粉丝或听众大都来自国内的各个地区，覆盖面积广，甚至可能每个省份都有人知道在××地方有××公司，此时宣传的范围不再是公司所在的市区或省份。

（2）微博与博客对内意义

公司使用微博和博客，可以促进公司的自我发展，提高员工的工作效率，还可以增加公司内部员工之间的了解。

- 培养团队：老人带新人，当面讲解很重要，相关的材料也是必不可少的，从公司实际业务中诞生的博客就是最好的教科书。程序员之间相互学习研究、请了假的同事跟上进度及新来的人快速融入团队，都可以通过公司的博客达到目的。

- 成果共享：公司将内部信息整合在一起，放到博客上或者微博上，便于内部人员集中查询。除了技术共享之外，常用的文案和LOGO，也可以在微博或博客上轻松展示给所有人，在展示时也方便公司员工使用，微博或博客比起单纯地共享文件更加直观。

- 总结文化：每位员工都可以用编写或阅读的形式在微博或博客上留下足迹，同时也静下心来审视公司和自己。

- 增进了解：在公司博客或微博上发布各部门的工作内容、管理层动态、公司目前的状况和未来目标等，可以增进大家相互间的了解。

No.68
应该怎样实施软文营销

软文营销就是指根据特定的概念诉求、以摆事实讲道理的方式使消费者走进企业设定的"思维圈"，以强有力的针对性心理引导实现产品销售的文字模式和口头传播，这种营销方式的效果是显著的。

软文之所以备受推崇，一大原因就是人们对电视、报纸等硬广告关注度下降，广告的实际效果不再明显，另一原因就是媒体对软文的收费比硬广告要低得多，所以在资金不是很雄厚的情况下，对软文的投入比较科学合理。

（1）软文营销的实施步骤

很多人可能还不知道有"软文营销"这个词，而创业者若想要利用软文营销的方式宣传公司，就一定要先了解软文营销的实施步骤。

- 首先确定推广方向，定位推广内容的市场价值。

- 接着将推广的内容移交给策划，策划确定具体发布资源的渠道。

- 紧接着策划出确定的推广计划，移交文案编辑，推广软文。

- 然后文案编辑修改并选定推广软文，移交审核。

- 审核通过后，再将软文移交给策划，策划确定后移交给新闻媒体，按照确定的时间、栏目和内容准确发布。

- 总结软文发布过后的效果，将总结结果移交给推广需求方。

（2）掌握软文的写作技巧

软文推广对公司推广、产品推广乃至品牌形象的建立都有很大的作用，好的软文其推广效果会更好，因此掌握软文写作技巧是必要的。

- 引人注目的标题

软文题目需要写得活泼、可爱、悬疑、夸张或者不可思议，总之要吸引人，让人看了忘不了，让人看了有猜想，有疑问，有继续看下去的念头。如果标题能达到这样的效果，那就为软文的成功奠定了一个良好的基础，加上好的内容，就能更好地吸引人。

- 内容模仿小刊小报

写作中寻求日常生活素材。而这一点，小刊小报做得很好，它们总有很多吸引人的小故事、生活怪事或者伦理失常的事件吸引人们去看、去骂、去爱和去评论。所以写软文时也可以根据自己的目标人群杜撰一些观众喜欢的东西，让自己的观众去骂、去看、去爱和去评论，把观众的情感调动起来，你的软文就成功了一半。

● 软硬适中

人们都很反感广告这两个字，无论你做得多么好，只要人们发现是广告，一切都等于零。但软文也不能太软，如果软得没了宣传的迹象，读者真的只拿它当作一篇优美的范文去欣赏，那功夫也就白费了。所以这就要求我们写出的软文软硬适中，既不能让读者一眼就看穿是广告，又要让读者感受到你要宣传推广的信息，起到推广作用。

具体可以这么做，首先把推广的内容放在后面，当读者发现是广告时，已经把内容看完了，同时将前面的内容设计精彩。其次要巧妙化、自然化地嵌入广告信息；最后还要忌生拉硬扯，胡乱联系，让读者反感。一篇软文若能按这 3 点写，不需要文采飞扬，也能起到很好的宣传推广作用，使软文效果倍增。

（3）软文的宣传形式

软文制作出来后就要放到合适的位置上，让它发挥宣传作用，那么软文的宣传形式有哪些呢？

● 专栏

"专栏"被应用最多的领域是对保健和美容等类型消费品的宣传，此类产品的特点是内涵较少，消费者很少主动关注他们，因此配上美女图片或吸引眼球的图片，图文并茂地对消费者进行心理引导，就能使其产生强烈的购买欲望。

值得注意的是，手机、数码照相机、MP3 和闪存等电子消费产品，在媒体上的文章基本上也是图文并茂，但这类产品不适合用"专栏"。"专栏"的操作手法与投广告几乎没有两样，在操作时一般选择发行量较大的晚报类媒体，"专栏"价格较高，5 元/字到 15 元/字不等。如果选择差一点的县市级媒体和非主流媒体，价格可以低至 2 元/字。而重量级的中央媒体，如人民日报的价格则需要 30 元/字，同时还会受到很多限制。

运用专栏时有如图 7-2 所示的几种常用方式。

 危机感制造：软文让受众产生恐惧感，进而抛出解决办法，水到渠成。

 消费环境制造：将消费者的需求直观地表现出来，例如"老婆给我买了什么，用了之后，脸色好了，精神爽了"。

 树立消费榜样：将别人做的事和自己没做的事进行对比，例如"去××地，××怎么怎么样，自己却……"，这样形成鲜明的对比，激发消费欲望。

 产品深度介绍：挖掘产品的实用性功效，以强有力的产品特性吸引受众，例如"××产品十大功效之一××，可以消除腰部酸痛感……"。

 企业文化：在专栏中详细阐述公司的企业文化，将人们关注的、认可的且有公司文化的都表达出来。这样显得企业的经营贴近消费者。

 征文、促销和活动设置：利用征文的稿费和促销的优惠吸引受众，以此来达到宣传的目的。

图 7-2　专栏的常用方式

● 炒作

炒作就是把普通人眼里的小事闹大，然后自圆其说，达到宣传的效果又回归事实。这种手段适合冒进的企业，对于一些较为保守的企业而言，炒作的手法则较为单调。

● 借助软文平台

企业可以利用专门的软文营销平台发布软文，这样可以用较少的资金达到较好的营销效果。

No.69
QQ 怎样做营销

> 在 QQ 即时通信的平台基础上，系统专为企业用户量身定制了在线客服与营销平台，即营销 QQ。QQ 的全国用户不计其数，若公司能好好利用 QQ 做营销，其效果应该是很明显的。

营销 QQ 致力于搭建客户与企业之间的沟通桥梁，充分满足企业客服稳定、安全和快捷的工作需求，为企业的客户服务和客户关系管理提供解决方案。

营销 QQ 一般用在哪些地方呢？一是用在拥有大量客户咨询要求，希望系统化管理客户的企业或个体商户；二是用在最高达 10 万好友容量，群发消息功能为企业提供低成本的客服沟通与产品营销渠道上；三是系统化管理客户时使用，可以对客户进行系统分类，回访客户，向符合条件的目标客户推送公告等。那么营销 QQ 有哪些具体的功能可以帮助企业做营销呢？

（1）会话营销

营销 QQ 中的相关会话功能可以提高企业与客户之间的互动程度，从而达到宣传效果。

- 一个窗口，多人聊天：最多可同时与 100 名客户进行会话，退出时可选择保留未结束的会话，下次登录时可无缝交谈。

- 支持保存数百条快捷回复：共用回复保存在云端，可手动或自动进行同步，可通过"设置共用快捷回复"帮助员工统一口径，统一管理。

- 聊天窗口自由定制：聊天窗口右侧区域可由客户按需定制，可设置成产品推介、近期热点或公司图片等，操作灵活，客户打开窗口就能看到定制内容。

- **访客有效分流**：可按不同的业务部门职能对来访客户进行引导，或按不同的接待员工对来访客户进行引导分流，还可使用咨询内容导航快速回复客户的常见问题。

- **有效应对咨询忙碌状态**：所有在线工号的自动接入数量已满时，新访客会进入未接入列表排队；工号可对未接入列表中的客户进行操作（手动接入/移入垃圾箱/移入黑名单等）。

- **工号间/企业间建立联系**：企业用户可通过营销 QQ 号码或关键词查找其他企业，与同行企业有效建立联系，互通有无（如旅行社交换路线和地接等）。

- **企业邮箱，离线文件/图片**：系统为每个企业分配一个与其账号对应的邮箱账号，支持离线文件发送，上传完毕后支持分享和保存至网盘等；客户不在线，也可发送图片给客户。

（2）网站营销

企业在自己的网站或别的网站上，利用营销 QQ 做在线推广，其推广范围大，方便又快捷。

- **嵌入在线咨询代码**：电脑上未安装 QQ 客户端时，专业的营销 QQ 在线咨询图标也可向企业发起会话。主要分为固定图标和浮动图标两种。固定图标按钮可设置在网页固定位置，访客点击即可发起会话。浮动图标可设置在网页上随访客查看浮动。

- **查案网站用户及详细信息**：实时查看当前的企业网站访客情况，任选单个访客，可查看该访客的来源和浏览页面信息，并向其发起手动或自动的交谈邀请。

- **网站访问统计辅助**：支持查看网站访问情况与来访趋势图，以及客服人员接待服务情况报表（会话量/对话 QQ 数等），以直观的数据吸引访客的眼球，以达到宣传目的。

- **在线访客主动邀请**：可展示当前在线访客数与可邀请数；与在线代码紧密结合，向用户弹出邀请。

- 访客满意度调查：企业可在账户中心设置开启"访客满意度调查"，之后按需要选择始末时间进行满意度结果查询、报表导出、主动营销与业务推广等。

- 企业微博整合展示：QQ 用户在与企业交谈时可以看到企业的最新微博动态并选择是否收听；普通微博账号需要先通过企业认证才能绑定营销 QQ，企业可以协助客户提交资料进行认证。

No.70
如何才能让自己的人际关系发挥作用

对于创业公司来说，人际关系是至关重要的。好的人际关系可以快速打开销售市场。但有些人际关系好的公司或创业者，不懂得好好利用人际关系，浪费了自己的人际关系网。那么我们如何才能发挥自己的人际关系优势呢？

在好莱坞流行这么一句话："一个人能否成功，不在于你知道什么，而在于你认识谁。"正所谓"人际关系即财脉"，领导者拥有了丰富有效的人际关系资源，也就拥有了更快捷的信息来源、更高效的办事渠道及更广阔的生财途径。然而，并不是所有人都能利用好人际关系的，我们要如何才能让自己的人际关系发挥作用呢？

- 人际关系互补

公司的合作伙伴需要与公司有很多方面的互补，通过公司的人际关系关系，与合作伙伴的人际关系关系产生互补。所以公司需要按照不同的特质来认真构建人际关系网，然后将人际关系辐射出去，缔结成不同的人际关系圈。例如，公司团队里有非常善于和政府官员沟通的人，与政府有关的事情，他可以冲在前面；也有善于和投资界企业沟通的人，当公司需要融资时，他就可以帮助公司快速融资。

● 人际关系分类

公司或个人的人际关系也分很多种，有事业伙伴、工作关系朋友、生活圈朋友、同学和亲人等。不同性质的人际关系，给自己带来的好处是不同的。比如，事业伙伴可以为自己找到创业的发展方向，工作关系的朋友可以给我们创业工作上的指导和帮助，生活圈朋友可以帮助我们发展业务，亲人和同学可以为我们介绍创业合伙人或业务公司等。

● 用价值观吸引志同道合的人

自己的人际关系网中，有与自己性情相投的人，也有与自己性情相反的人。若是要对工作有益，可以用自己的价值观吸引人际关系网中与自己志同道合的人，这样大家考虑的东西都差不多，工作上的想法也会出奇的一致，还能把这些志同道合的人的人际关系发展成自己的人际关系。

● 舍得给予，乐于分享

真诚对待所有的合作伙伴和客户，懂得先给予，先把事情做好，分享自己的技术和能力，然后才有可能获得合作伙伴或客户的支持。

● 层层转介绍

人际关系是透过"介绍"而增加的，无论是经由朋友、以前的同事，还是其他人士的朋友，这些人都可以把我们转介绍给他人，同时把他人转介绍给我们。这样日积月累，人际关系圈子就大了，涉及的面也就更广了，也为公司的发展奠定了人际关系基础。

● 与人际关系中的关系人经常联系

与自己人际关系圈子的人常常相聚，实在不能见面的也可以通过人际交流工具（如 QQ、微信等）常常联系，这样才能保证我们的人际关系是有效的，这样需要别人帮忙时才有人站出来施以支援。

● 增加自己被利用的价值

如果自身有某些方面的知识，那么周围的朋友就会找你沟通相应的信息，自己再对此稍加利用，就可以建立一个广大的人际关系网络。

● 加强参与感，让人际关系起到传播作用

要想人际关系发挥作用，最重要的就是要融入人际关系网中，获取人际关系群中的有用信息，并分享出自己掌握的信息。

● 树立自己的目标

没有目标的人很有可能会被有目标的人利用，当你有了自己的目标后，就能明确自己的职业发展方向，就知道如何去提升自己各方面的综合素质，构建自己的核心竞争力，成为有价值的人。当你有了"被利用价值"之后，你的朋友就会转化为你的人际关系，你们就可以一起合作。

● 保证人际关系质量

人际关系网中的有些人际关系关系是有"保质期"的，有些人在交往过程中，对我们的态度会变冷，关系会渐渐疏远，此时我们可以主动进行维护，如果维护不了的，就不要强求，整理人际关系圈中的低质量人际关系，腾出空间给志同道合的人。

No.71
怎样让营销团队变得强大

营销团队的实力强大与否关系着公司的未来发展是否顺利程度，所以，要让公司顺利发展就要拥有一个强大的营销团队。那么怎样才能让营销团队变得强大呢？

营销团队就是负责公司营销事宜的一群人，他们充分展现了营销的整体性，为消费者创造最大的让利价值，使消费者满意度最大化，同时使公司从中获得长远发展和长期利润。

（1）引发全员因使命感而工作

作为一个领导者，一定要引发营销团队的成员的使命感并为之而工作，而不是为了老板或企业，也不是单纯地为了一份薪水而工作。世界上的绝大多数百年企业或跨国企业都有自己的使命。例如，迪士尼公司使人们过得快活；微软公司致力于提供使工作、学习和生活更加方便且丰富的个人电脑软件；惠普公司为人类的幸福和发展做出技术贡献；沃尔玛公司给普通百姓提供机会，使他们能与富人一样买到同样的东西。所以，你若能为别人着想，也会有越来越多的人为你着想；你若造福众生，众生将会与你同在；你若能真正协助别人，别人也会真心助你。

（2）合作弥补能力不足

无论何种性质的企业，都存在一个投入和产出的问题。每个人的能力都有限，善于与人合作的人，能够弥补自己能力的不足，达到自己的目的。所以只要有心与人合作，善假于物，取人之长，补己之短，合作的双方才能够都从中受益。

每年秋季，大雁由北向南以 V 字形状长途迁行，大雁在飞行时，V 字形的形状基本不变，但头雁却是经常替换的。头雁对雁群的飞行起着很大的作用。因为头雁在前面开路，它的身体和展开的羽翼在冲破阻力时，能使它左右两边形成真空。其他的大雁在左右两边的真空区域飞行，就等于乘坐一辆已经开动的列车，自己无须再费太大的力气克服阻力。这样，成群的雁以 V 字形飞行就比一只大雁单独飞行要省力，也就能飞得更远。

所以人们只要相互合作，也会产生类似的效果。只要你以一种开放的心态做好准备，能包容他人，你就有可能在与他人的协作中实现仅凭自己的力量无法实现的理想。有一句名言："帮助别人往上爬的人，会爬得更高。"

（3）集思广益

所谓集思广益，就是指集中众人的思想，广泛吸收好的意见。即使你是"天才"，凭借自己的想象力也许可以获得一定的财富，但若你懂得让自己的想象力与他人的想象力结合，就可能创造更大的成就。每个人的"心智"都是一个独立的"能量体"，而我们的潜意识则是一种磁体，当你行动时就产生了磁力，并将财富吸引过来。但如果你一个人的心灵力量，与更多"磁力"相同的人结合起来，就可以形成一个强大的"磁力场"，而这个磁力场的创富力量将会是无与伦比的。

假如，你独自研究一个问题时，可能思考 10 次，而这 10 次思考几乎都是沿着同一思维模式进行。如果拿到集体中去研究，从他们的发言中，也许一次就完成了自己一个人需要 10 次才能完成的思考，并且他人的想法还会使自己产生新的联想。

经营者要善于激发集体的智慧和力量而不是随意扼杀它们。这种集思广益的思维方法能填补个人头脑中的知识空隙，通过互相的激励和诱发产生连锁反应，增添创造性的设想。

（4）合理增员并定期培训

人多力量大，合理增员就是要保证增加的团队成员的质量，不能盲目增加团队的人数。

公司要主动为营销团队提供培训机会，让营销团队掌握营销技巧，先要学习理论，然后在实践中运用理论技巧进行实战，最后再从实战中获得失败或成功的经验。

（5）多让团队负责营销实战，并进行团队比拼

营销团队要强大，首先要提高营销团队的能力，而提高能力最直接的办法就是让团队尽可能多地参与营销实战，从实战中学到实用的经验和营销技巧，从而提升个人和团队的工作能力和实战经验。

公司内部可以进行营销方案和营销业绩的比拼，有竞争才有压力，有压力才有动力，有动力才能激发团队和团队成员的潜能；公司也可通过竞标等方式让公司的因营销团队与其他公司的营销团队比拼，若是失败了，就从对手身上学习优点和长处，若是赢了，要从对手的缺点和不足中反省自身团队的情况，取他人长处补自己短处。

（6）合理授权

一些企业的营销团队之所以成长缓慢，跟营销管理者没有合理的授权和分权有很大的关系。善于授权和分权是指营销管理者必须能够有效地将权利赋予下属，让他们更加积极地参与到企业的运作和管理上来。某公司的创始人曾说："授权可以让未来规模更大的企业仍然保持小企业的活力，同时也可为公司培养出发展所必需的大批出色的经营管理人才。"

可不幸的是，我们很多企业的管理者总是喜欢一个人忙活，把自己当成一个救火者的角色，每件事都亲力亲为，不仅不能有效激发下属的积极性和主动性，还容易使得下属推卸责任，难以培养拥有独当一面这样实操能力的人才。

合理授权就要体现专人做专事，不怕下属犯错误，授权也是一种授责，因为权利也代表着责任，合理授分权，就是培养下属勇于承担责任。

——创业百问——新手开公司前需了解的事——

第8章
新公司经营缺资金怎样解决

新公司成立初期，经营业绩可能不算很好，而经营需要的成本也不是一笔小数目，所以出现资金紧缺的情况很正常。如果没有足够的资金支撑公司的经营，公司很有可能面临倒闭的困境，那么新公司缺资金时要怎样解决呢？

No.72
新公司可通过哪些途径来融资

> 每个企业的融资需求是不一样的，有的需要短期资金周转，有的则需要补充长期经营资金，甚至有的是想要引入战略投资者。而不同的融资方式对企业的资质要求也不同，那么新公司可以怎样融资呢？

对于初创公司来说，资金短缺是习以为常的事，而借钱也就成了顺理成章的事。但由于新公司刚成立，很多条件和资质方面达不到某些银行或金融机构的贷款标准，这让新公司犯了难。那么新公司究竟可以通过哪些途径来融资呢？具体如表 8-1 所示。

表 8-1　新公司的融资途径

途径	具体阐述
银行承兑汇票	公司可向银行申请签发银行承兑汇票，银行经审核同意后，正式受理银行承兑契约，承兑银行要在承兑汇票上签上表明承兑字样或签章。这样，经银行承兑的汇票就称为银行承兑汇票。银行承兑汇票是银行替公司担保，到期替公司支付货款。银行承兑汇票的好处在于公司可以实现长短期、缓慢或快速融资，可以降低公司的财务费用
小额贷款公司	与银行相比，小额贷款公司更便捷迅速，适合中小企业和个体工商户的需求；与民间借贷相比，小额贷款更加规范，贷款利息可双方协商
典当融资	典当是以实物为抵押，以实物所有权转移的形式取得临时性贷款的一种融资方式。与银行贷款相比，典当贷款成本高、贷款规模小，但对客户的信用要求几乎为零，典当行只注重典当物品是否货真价实。其次，一般商业银行只做不动产抵押，而典当行则可接受动产与不动产质押。同时，到典当行典当物品的起点低，千元、百元的物品都可以典当。而且典当行更注重对个人客户和中小企业的服务，其手续简便，大多立等可取，再者，典当行不问贷款的用途，拿到的贷款使用起来十分自由，大大提高了资金使用率

途径	具体阐述
民间互助式借贷	民间借贷是指公民之间、公民与法人之间及公民与其他组织之间的借贷。只要双方当事人协商一致即可认定有效，因借贷产生的抵押相应有效，但利率不得超过人民银行规定的相关利率。民间借贷分为民间个人借贷活动和公民与金融企业之间的借贷。其优势是更及时，更简便，更灵活，且借贷门槛低，更适合新公司和小企业融资贷款。但公司如果通过这种途径融资，要确定借贷关系的合法性，妥善保管书面协议，所以对公司来说，这种途径的风险相对较高
网络贷款	公司可借助互联网的优势，足不出户地完成贷款申请各项步骤，包括了解各类贷款的申请条件，准备申请材料，一直到递交贷款申请，都可以在互联网上高效地完成。相应一批网上贷款平台开始发展起来。网贷对公司来说，没有抵押，贷款门槛低，但同时风险非常高，公司在通过这个途径贷款时要防止信用风险，避免上当受骗
寻找战略投资伙伴	简单来说就是为公司寻找长期合作伙伴，而这些伙伴能够为公司提供运营资金。这一途径需要投入的融资成本可算是最低，只要求公司创始人有足够的业务能力和人格魅力，能够吸引志同道合的人与自己共同经营公司

No.73
怎样进行银行小微贷款

> 小微贷款是指小微企业的贷款业务，为了满足小微企业的贷款需求，很多银行推出了小微贷的业务。通过小微贷业务，新公司可以快速获得贷款资金。既是如此，公司应怎样进行银行小微贷款呢？

银行小微贷业务可以满足新公司的"短、小、频、急"的信贷需求特点，让公司能拿到短期贷款或小额贷款，适合公司频繁借贷资金或着急使用资金的情况。

（1）小微贷的申请条件

公司在申请小微贷之前，要先了解小微贷的申请条件，否则不满足条件就去贷款，会浪费很多时间。

- **规模**：公司规模要满足是小型企业或微型企业。

- **产品或服务要创新**：公司的产品或服务要有市场、有效益，要有明显的创新特点，或者有特定的品牌价值。若有自主的知识产权或核心技术，申请小微贷成功的可能性更高。

- **有团队**：公司内部要有与企业主营业务相适应的业务团队和管理团队。

- **公司机制完整**：即使是小微企业，内部也必须要有完整的管理机制，需有必要的组织机构、经营管理制度和固定的经营场所且经营合法。

- **良好的信誉**：公司在各家商业银行的信誉状况良好，没有不良信誉记录。

- **持有贷款卡**：在工商行政管理部门核准登记，营业执照年检合格，持有人民银行核发并正常年检的贷款卡。

- **有一定的还债能力**：公司要有履行合同、偿还债务的能力，还款意愿良好。

- **经营者有足够的经营能力**：公司的经营者或实际控制人从业经历在 3 年以上，素质良好，没有不良个人信用记录。

- **满足一定的公司成立年限**：一般来说，公司经营情况要稳定，成立年限原则上需在两年（含）以上，至少有一个及以上的会计年度财务报告，且连续两年销售收入呈现增长趋势，毛利润为正值。

- **开立银行账户**：公司要在申请小微贷的银行开立基本结算账户或一般结算账户。

- 担保人：向银行借款时需要提供与担保人签订的担保合同，所以公司有自己的担保人是小微贷款申请成功的因素之一。
- 符合国家规定：公司的属性要符合国家的产业和行业政策规定，最好不要是高污染或高耗能的传统小企业。

（2）准备资料申请小微贷款

创业者在确定自己的公司符合申请小微贷款条件后，就要准备资料进行小微贷款的申请工作，具体如图 8-1 所示。

调查准备工作

公司要调查所在地有哪些银行或机构在开展小微贷款的业务，对比找到哪种贷款符合公司的具体情况，包括贷款额度、期限和要求；准备申请小微贷款需要的文件资料，如公司的营业执照、税务登记证、机构组织代码证、开户许可证、验资报告、贷款卡、企业近两年的财务报表、审计报告、最近 3 个月的财务报表、近 6 个月的对公账户流水、营业场所租赁或购买合同、近 3 个月的水电费账单及购销合同等。

申请

公司负责人或创始人去银行申请，根据银行的要求填写申请表单，提交申请资料。接下来银行会对公司提交的资料进行审核，如果通过了，银行会通知借款人（公司）。

办理

进入这一阶段就表明借款人通过了银行的贷款申请，借款人（公司）需要和担保人签订担保合同，与银行签订贷款合同和财产抵押合同，以及贷款用途证实等不同种类的合约。紧接着银行将贷款资金划入借款人在银行开立的账户中。

还款

借款人进行小微贷款不是将贷款拿到手中就完事了，还要在合同规定的时间和还款方式等要求下按时按量还款，否则一旦违约，将会对自己的信用记录产生不良的影响。借款人要时刻记住，与银行建立的信用是个人和企业的一笔财富。

图 8-1　准备资料申请小微贷款流程

（3）各银行的小微贷款产品

由于市场的需求，各大银行都纷纷推出小微贷款业务和产品，具体内容如表 8-2 所示。

表 8-2　各银行的小微贷款产品

银行	产品
中国储蓄银行	税贷通和小企业抵押贷款
中国建设银行	税易贷、善融贷和创业贷
中国工商银行	流动资金贷款、国内贸易融资及标准厂房按揭贷款等
中国银行	网络通宝
民生银行	商贷通
中信银行	刷刷贷、存存贷、串串贷、秀秀贷、酷酷贷、火火贷、联联贷、点点贷、急急贷、光光贷和棒棒贷
浦发银行	房抵快贷、科技小额贷、易贷多及中小企业共赢联盟等
华夏银行	龙舟计划
招商银行	小贷通
光大银行	阳光助业

其他一些地方银行也有相应的小微贷款业务和产品，公司根据自身的实际情况进行理性选择即可。

No.74
银行信用贷款怎样办理

> 银行信用贷款是以借款人的信誉为条件发放的贷款，不需要借款人提供担保。申请门槛虽然比较低，但对申请信用贷款的借款人需要满足的条件会更严格。

由于银行信用贷款这一贷款方式对银行来说风险太大，所以一般要对借款人的经济效益、经营管理水平和发展前景等情况进行详细的考察，以此来降低银行面临的风险。银行信用贷款主要适用于经工商行政管理机关核准登记的企（事）业法人、其他经济组织和个体工商户等，同时要符合《贷款通则》和银行的要求。

（1）申请条件和资料

银行信用贷款有个人信贷和企业信贷两种，个人和企业申请信贷的条件和准备的资料不同。这里详细介绍企业办理信用贷款的条件和需要准备的资料。

- **信贷条件**：企业具有完全民事行为能力，有企业法人或最大股东；具备有效营业执照和法人代码证，无不良信用记录，依法经营，依法纳税，业绩良好；公司有固定的办公场所；有较高的偿债能力；能提供银行认可的保证和申请资料；银行规定的其他条件。

- **申请资料**：公司法人的身份证原件和复印件、上年末及本年近期的财务报表、最近 3 个月的纳税证明、近半年缴纳水电费的凭证、办公场所的租赁或购销合同、企业简介、企业章程、合法有效的营业执照、企业法人代码证、税务登记证、公司全体股东成员签名并加盖公司公章的同意承担不可撤销的连带还款担保责任的书面承诺书、其他能证明公司经营状况的资料（如ISO 认证、专利证书、获奖证书及免税文件等）、公司还款能力证明文件、贷款用途中的相关协议及合同等资料。

（2）贷款流程

银行信用贷款的贷款流程与一般贷款流程大同小异，只是在提供的资料方面有所区别，而且不需要公司担保抵押。

- **了解并选择贷款种类**：企业先了解各银行的信用贷款要求，从中选出适合本公司的信用贷款产品。

- **向银行提供资料**：公司根据银行的要求准备相应的资料，如公司法人的身份证明文件、营业执照、公司章程、财务报表、组织机构代码、税务登记证明和缴纳证明等。

- **银行评估审核**：银行在收到公司法人提供的相关资料后，对公司进行调查和评估，包括公司的信用等级、借款合法性、安全性、盈利性和公司经营状况等。

- **签合同**：银行审核通过后，公司与银行签订借款合同。

- **银行放款**：借款合同签订后，银行给公司放款，同时向公司结算贷款服务费用。

（3）信用贷款成功因素

由于银行信用贷款不需要公司担保抵押，所以公司在其他方面要满足的条件比较严格。所以公司可以根据银行审核的重点来分析公司信用贷款成功的技巧，具体如表 8-3 所示。

表 8-3　贷款时银行审核的重点项目

审核项	说明
良好的信用	公司在申请贷款的银行的信用良好，可提高申请信用贷款的成功率
公司的负债比率	公司的负债比率不能超过一定的数值，否则就会被银行认定为没有偿还贷款的能力，这样信用贷款申请成功的概率就小。不同行业不同公司，银行对其的负债率要求不同，但总的来说负债率肯定不能过高
经营状况	公司的经营良好，且保持每年利润上涨趋势
贷款期限	由于信用贷款对银行来说风险较大，所以在贷款期限的要求上比较严格，一般的贷款期限都比较短，公司如果想要申请长期信用贷款，其难度就会加大
贷款额上限	信用贷款的上限一般比其他贷款低，主要也是因为银行要降低自己所要承受的风险。所以大额信用贷款的难度就会增大

续表

审核项	说明
贷款定价	所谓贷款定价是指确定贷款的利率、补偿余额及对某些贷款收取手续费等。公司与银行在这些方面不能达成共识的话，也会增加信用贷款的难度
公司的保险情况	虽然无抵押信用贷款不需要借款人提供抵押，但银行还是要考虑到如果借款人发生死亡、伤残或破产等意外情况下，如何能够收回贷款的问题。最常见的方式就是了解借款人是否有相应的保险，投保额是否充足

No.75
新公司如何抵押贷款

抵押贷款是指借款者以一定的物品作为抵押品保证向银行取得的贷款。抵押贷款对银行来说风险较小，所以相应地对申请贷款的公司的要求较低。那么新公司要如何进行抵押贷款呢？

抵押贷款的抵押品可以是有价证券、国债券、各种股票、房地产、货物提单或其他各种证明物品所有权的单据。贷款到期时，借款人要如数归还贷款，否则银行有权处理抵押品，用来作为补偿。

新公司成立不久，一般还没有发行公司债券或股票，所以大多数都是抵押房地产或货物提单等。而抵押贷款的方式最常见的有两种，银行抵押和典当行抵押。

（1）抵押贷款满足的条件和要求

以银行抵押为例，公司在申请抵押贷款时，自身需要满足一定的条件，同时也要清楚银行能够给自己带来的贷款额度等信息。

● **抵押贷款对象**：工商注册的各类中小企业，且公司经营状况良好，最好能保证利润一直为正值。

- 贷款期限：公司要清楚，银行抵押贷款的一般期限为 1~5 年，若想进行更长期的抵押贷款可能会比较困难。

- 贷款金额：银行给公司提供的抵押贷款金额一般为 50 万~10 亿元，超过这一数额或者不足 50 万元数额的贷款申请，有可能不能通过银行的审核。

- 公司信用等级要好：公司在申请抵押贷款时也需要持有中国人民银行核发的贷款卡，并且没有不良信用记录。

- 公司资质：抵押贷款一般要求公司注册和运营一年以上，且最近一年的年营业额 300 万元以上。

- 贷款定价：公司要清楚，银行的抵押贷款利率一般在 8%~14%，在选择抵押贷款之前，要衡量公司能否承受这个标准的贷款利息。

（2）申请抵押贷款的流程

公司要将什么物件作为抵押品进行抵押贷款会影响具体的准备资料，下面以房产抵押为例介绍具体的抵押贷款步骤。

- 提交证明材料

公司法人（或创始人）在贷款前填写居民住房抵押申请书，并提交银行要求提供的证明材料，如公司营业执照、税务登记证、纳税证明、财务报表、法人身份证明文件、符合法律规定的有关住房所有权证件或本人有权支配住房的证明、抵押房产的估价报告书、房产鉴定书、保险单据、购建住房合同、协议或其他证明文件，以及贷款银行要求提供的其他文件或材料。

- 银行审核材料

银行对借款人的贷款申请、购房合同、协议及有关材料进行审查，并实地考察公司的经营状况；借款人将抵押房产的产权证书及保险单或有价证券交给银行收押。

● 签合同并进行公证

公司和银行双方的担保人签订住房抵押贷款合同并进行公证。

● 银行发放贷款

公司与银行顺利完成贷款合同签订并公证后，银行对借款人（公司）的贷款通过转账方式划入购房合同、协议指定的售房单位或建房单位。

提示

公司在融资时，必须考虑到所有的贷款成本，这不仅包括利息，还包括手续费和点数。其中，点数可以降低利息。在贷款的过程中还要考虑到不断变化的利率，利率增加也会增加贷款成本。

No.76
担保贷款怎样贷

担保贷款是指由借款人或第三方依法提供担保而发放的贷款。担保贷款包括保证贷款、抵押贷款和质押贷款。下面我们将系统介绍担保贷款的相关知识。

在学习担保贷款的流程之前，首先要来了解保证贷款和质押贷款两种方式的基础内容。

（1）保证贷款和质押贷款

保证贷款只需借贷双方有书面的保证合同即可，不需要抵押物品。而质押贷款是抵押贷款的一种，只是它要求的抵押物不是建筑、机器或实实在在的物体，它的抵押物一般是汇票、支票、本票、债券、存款单、仓单、提单、股份、股票、商标专用权、专利权、著作权中的财产权及可以质押的其他权利等。

● 保证贷款

根据中国《中华人民共和国担保法》的规定，具有代为清偿债务能力的法人、其他组织或公民，可以作保证人。但国家机关不得为保证人（经国务院批准为使用外国政府或国际经济组织贷款进行转贷的除外）；学校、幼儿园和医院等以公益为目的的事业单位和社会团体不得为保证人；企业法人的分支机构有法人书面授权的，可在授权范围内提供保证。

《担保法》同时还规定，保证人与债权人应当以书面形式订立保证合同，合同应当包括被保证的主债权种类和数额、债务人履行债务的期限、保证的方式、担保范围、保证期间及双方认为需要约定的其他事项。

为顺利取得银行贷款，企业应该选择那些实力雄厚和信誉好的法人或公民作为贷款保证人。若银行等金融机构能作为企业的保证人，则效果更理想，借款企业取得银行贷款就会更容易。

● 质押贷款

质押贷款也是中小企业获得银行贷款的重要形式，是企业在不具备信用贷款优势条件下的另一种选择。质押是指债务人或第三人将其动产（或财产权利）移交债权人占有，将该动产（或财产权利）作为债权的担保。债务人不履行债务时，债权人有权以该动产（或财产权利）折价、拍卖或变卖的价款优先受偿。移交的动产或财产权利成为"质物"，当公司能够向银行提供质物时，中小企业则很容易从银行获取贷款。

（2）担保贷款的流程

担保贷款的整个流程比较复杂，在银行给借款人发放贷款以后，银行还要对公司的运营情况进行跟踪，最后还要解除担保关系，并进行记录归档工作，具体流程如下。

- **申请**：与抵押贷款的申请一样，要先准备贷款所需的各种资料和文件，然后将这些资料提交给银行，同时填写贷款申请表。

- **考察**：银行考察企业的经营情况、财务情况、抵押资产情况、纳税情况、信用情况及企业主情况，初步确定担保与否。

- **沟通**：公司与银行沟通，进一步掌握银行提供的贷款信息，明确银行拟贷款的金额和期限。

- **担保**：银行与企业共同鉴定贷款担保及反担保协议，然后办理资产抵押及登记等法律手续，接着公司与贷款银行签订保证合同，正式与银行、企业确立担保关系。

- **放贷**：银行在审查贷款担保的基础上向企业发放贷款，同时向企业收取担保费用。

- **跟踪**：银行跟踪公司的贷款使用情况和公司的运营情况，通过公司季度纳税、用电量及现金流的增长或减少来直接跟踪考察企业的经营状况。

- **提示**：公司还贷前一个月，银行要预先提示，以便公司提早做好还贷准备，保证公司资金流的正常运转。

- **解除**：银行根据公司的银行还款单，解除抵押登记，同时也就解除了银行与公司的担保关系。

提示

在担保贷款的流程中，双方解除担保关系后，公司就结束了担保贷款的流程，而银行还需要进行两个后续步骤，记录和归档。银行记录本次贷款担保的信用情况，分为正常、不正常、逾期和坏账4个档次，为后续担保提供信用记录；将与企业签订的各种协议及还贷后的凭证、解除担保的凭证等整理归档并封存、以备今后查档。

No.77
怎样进行内部融资

> 内部融资是指企业不断将自己的储蓄（主要包括留存盈利、折旧和定额负债）转化为投资的过程。内部融资一般是企业首选的融资方式，是企业资金的重要来源，那么公司怎样进行内部融资呢？

内部融资又称为内源融资，其对企业的资本形成具有原始性、自主性、低成本和抗风险的特点，是企业生存与发展不可或缺的重要组成。

内部融资主要来自企业内部自然形成的现金流，在数量上等于净利润加上折旧摊销再减去股利所得的数额。企业内部融资的方式主要包括自筹、折旧、留存收益、内部集资、股利政策、应收账款让售、应收账款抵押及变卖资产等，具体内容如下。

- **自筹融资**：创业者在创业初期或企业发展过程中面临资金困难时，通过自己的渠道进行融资，增加自己在企业中的股份和影响力。

- **留存收益**：留存收益融资是指企业将留存收益转化为投资的过程，将企业生产经营所实现的净收益留在企业，而不作为股利分配给股东，其实质是原股东对企业追加投资。

- **账款让售**：企业在商品运出前向信贷公司申请贷款，经同意后，在商品运出后将应收账款让售给信贷公司，信贷公司根据发票金额，减去购买客户提取的现金折扣、信贷佣金及用以冲抵销货退回和销货折让的提款后，将余额付给融资企业。

- **账款抵押**：由借款企业与经办此项业务的银行或公司订立合同，企业以应收账款作为担保，在规定期限内，企业以一定额度为限向银行借款融资。

- **内部集资**：是指企业为满足生产经营的需要，向其职工（包括管理者）募集资金的行为，主要分为向员工借款和向员工发行股票。

- **股利政策**：是指保留盈余和普通股股利支付的比例关系问题，即股利发放比例的确定。为了鼓励内部融资，可以提高盈余而减少股利支付。

- **折旧融资**：将固定资产投资成本公平分配到使用期间，仅在投资当时有成本支出，而在摊销折旧时并没有支出现金，但摊销折旧造成了费用增加，所以间接地增加了现金流，所以也算是内部融资。

- **变卖融资**：是指将企业的某一部门或部分资产（非产成品存货）作价出售以筹集生产经营所需资金的一种筹资方式。

公司在进行内部融资时要注意一些策略和方式方法，切勿盲目进行内部融资。

- **从观念上重视内部融资**

企业的管理者要从观念上引起高度重视，要充分认识到内部资金是评价一个企业经营状况好坏的重要因素，是衡量一个企业发展后劲的重要尺度，同时要深刻认识到，过分依赖外部资金可能会严重削弱自我生存和自我发展的能力。

- **从机制上强化内部融资**

缺乏有效的自我积累机制是导致我国多数企业自有资金比例低和自我积累能力弱化的主要原因。所以公司不仅要在观念上深化对内部融资的看法，还要从具体的机制上强化内部融资这一筹资方式。

- **从运营上支持内部融资**

内部融资中留存盈利和定额负债的多少主要取决于企业销售额的大小，销售额越高，相应的留存盈利越多，内部融资的动力就会更大；而定额负债也是随着销售额的增减而自动增减的。

● 从制度上保证内部融资

建立现代企业制度是企业发展内部融资的制度保证。只有建立起产权清晰、权责明确、政企分开和管理科学的现代企业制度，才能使企业的经营者和员工真正关心企业的积累，从而在根本上提高企业的自我积累能力（内部融资能力）。

No.78
如何通过众筹平台融资

> 众筹融资，顾名思义就是大众筹资或群众筹资，它是指用团购+预购的形式，向网友募集项目资金。众筹融资更开放，其融资较容易，所以新公司或小企业可以通过众筹方式为企业筹集资金。

众筹利用互联网和 SNS 传播的特性，让小企业、艺术家或个人对公众展示他们的创意，争取大家的关注和支持，进而获得所需要的资金援助。相对于传统的融资方式，众筹更开放，项目的商业价值也不再是公司能否获得资金的唯一标准。只要是网友喜欢的项目，都可以通过众筹方式获得项目启动的第一笔资金，为更多小本经营和创业的人提高创业成功的可能性。

（1）各种众筹平台

众筹平台经过一段时间的发展，其众筹模式趋于成熟，最终形成了几大综合性众筹平台，以及一些具有特色的众筹平台。不同的创业项目可根据自身特色或需求，到不同的平台上众筹。常见的众筹平台介绍如表 8-4 所示。

表 8-4　常见的众筹平台介绍

众筹平台	具体介绍
众筹网	可为项目发起者提供募资、投资、孵化和运营一站式综合众筹服务，其众筹模式以捐赠式和奖励式为主，其他模式为辅，涵盖领域有科技、艺术、设计、音乐、影视、出版、动漫游戏、公益、公开课及农业等
淘宝众筹	是国内目前人气最高的众筹平台，是淘宝网的一个子页，利用淘宝平台拥有的用户规模和平台知名度优势得到迅速发展。淘宝众筹业务涵盖影音、公益、书籍、科技、设计、动漫、游戏、农业及其他领域，针对的用户是淘宝网的卖家和买家，依靠访问量盈利，不收取众筹费用
京东众筹	同样是建立在京东庞大的用户群体上的众筹平台，融资金额是所有众筹平台中最多的，其主要模式是奖励式和股权式，而且还单独开立社区，是京东众筹的一大特色，主要涵盖智能硬件、流行文化、生活美学和爱心公益等方面
人人投	是一家以实体项目为主的股权众筹服务平台，为创业者提供线上、线下项目路演，寻找融资相关服务，它会对项目进行真实性审查，同时对项目进行融资前的包装

（2）怎样通过众筹平台融资

创业公司或小企业利用众筹平台进行融资，其操作简单，且筹资更容易，具体如下。

● 调查并选择

调查现有众筹平台，根据公司自身项目，选择契合公司的众筹平台，跟随众筹平台获取相关领域的资金、人际关系圈和消费群。

● 制订筹资计划

如果是一个平稳发展的企业且已经有收益，那么选择债权融资较合适；如果是一家有着较大潜力的初创公司，未来具有较高的成长回报，那么通过股权融资对投资人具有更大吸引力。当项目筹资方案成形后，要预估项目发展阶段的资金需求及如何规划使用这些资金，让资金在商业规划中得到最优利用，且让投资人对自己的投资去向有所了解。

● 发起众筹

在众筹网站上发起众筹，在发起过程中确定自己众筹的资金额度、对不同众筹支持者的预期回报、众筹的资金用途及众筹的截至日期等。

● 资格评估

配合众筹平台进行资格评估，准备充足的个人及团队资料，配合众筹平台对团队的线下考察和电话问询等工作，确保个人信息的真实性及创业项目的可行性，不同的众筹项目需要的审核周期也会不同，还要看平台的办事效率。

● 建立金融社交圈

在社交媒体上，跟与你的社会关系有联系的人如管理团队、重要客户或行业领袖等建立沟通关系。与这些在你商业领域有所关联的人产生互动，有策略地利用好人际关系，尽可能地认识社交媒体圈的朋友。要知道，普通人一天平均有 3 个小时花在社交媒体上，你社交媒体上的朋友和粉丝都可能成为你的投资人。

● 定期更新项目进展

在众筹项目运营过程中，围绕自身的项目设计有吸引力的进展报道，与该项目的前期投资人、企业家和行业内专家进行沟通，促进第一批接触者的互信，将第一批众筹参与者渐渐发展成为项目的宣传者，放大项目的影响圈层。通过信息的更新，促进项目目标的快速完成或超过预期完成。同时，达成阶段性目标也能建立前期投资人的自信心，为潜在投资人铺路。

● 开发股权思维，像投资人一样思考

对于债权融资，众筹完成后直接从平台转入资金，按资金使用规划完成投入跟进即可。而在运作股权众筹项目时，需要项目发起人去了解投资人的思维，寻找投资人投资的动机。

公司要清楚，当经验丰富的投资者投入资金后，其背后产生的影响是吸引更多的公众跟上他们的步伐来投资。所以，一方面公司要思考项目价值和收益，让投资人更加信任公司；另一方面公司要对股权有自我保护意识，选择一个好的方式让投资人进入或退出。股权和商品一样，只有通过买卖才能提升价值，且适当时期也可设置"保质期"。

● 对众筹参与者进行回报

在规定的期限内，针对当初允诺的对于不同额度支持者的回报，感谢投资者的参与，做出具体的回报措施。比如奖励投资份额或分红等。

No.79
如何利用 P2P 平台融资

> P2P 平台融资是指个人通过第三方平台在收取一定费用的前提下向其他个人提供小额借贷的金融模式。P2P 融资平台的客户是借出资金的客户和需要贷款的客户。那么公司作为贷款客户要怎样进行融资呢？

随着互联网技术的快速发展和普及，P2P 小额借贷逐渐由单一的线下模式，转变为线下线上并行模式，随之产生的就是 P2P 网络借贷平台，更多人群享受到了 P2P 小额信贷服务。

P2P 网络借贷平台发展的另一个重要目的，就是通过这种借贷方式来缓解人们因为在不同年龄时收入不均匀而导致的消费力不平衡问题。

（1）P2P 平台融资的步骤

P2P 平台融资对创业公司或小企业来说都是一种比较简单快捷的融资途径，那么公司如果要在 P2P 平台上融资，该做些什么事情呢？

● 注册账号：公司要先在想要进行融资的 P2P 平台上注册自己的
账号，成为平台的客户。

- 提出申请：公司根据自身的需求，向平台提出融资需求，比如公司向平台提出 5 年的创业贷款。

- 提交资料：公司完成申请后要根据平台的要求提供相应的材料，包括公司的财务和管理方面的资料，还有一些平台特殊规定需要客户提交的文件资料。

- 平台审核：P2P 平台根据客户（公司或个人）提出的贷款融资申请，对客户提供的资料进行审核，主要考察公司的经营能力和管理能力，个人主要考察家庭的财务状况。平台确认这些信息后将决定是否同意客户的贷款。

- 发放贷款：平台通过客户的贷款申请后，要与公司签订贷款协议，然后由第三方支付平台国付通进行贷款资金的发放。

（2）P2P 平台融资要注意哪些问题

由于 P2P 平台融资立足于虚拟的网络环境，所以其风险性也就相对较大，所以不管是投资者还是贷款者，在进行 P2P 融资时一定要做好风险防范措施。具体如下。

- 规避风险

公司在 P2P 平台上融资时，一定要考察清楚放贷的人或企业的信誉，确保贷款的合法性。

公司要相信，现在的 P2P 平台融资不再是个人对个人的网络信贷；目前行业间已经形成了一种共识，P2P 有更广义的范畴，像 P2B、P2G、A2P 或 P2F 等都可当作 P2P 来处理。

- 不要仅从新闻中了解 P2P

很多投资者接触 P2P 的信息多是来自新闻媒体，而这种渠道有两个弊端，一是大部分媒体不是专业人士，他们传达的某些观念往往会误导投资者；二是媒体报道注重的是新闻性和传播度，那些负面的、有料的能得到广泛的报道和传播，所谓"狗咬人不是新闻，人咬狗才是新闻"，所以在媒体报道上能看到的东西，往往只是行业的冰山一角，而且大多是黑暗的那一角。

● 投资过度分散

分散投资是 P2P 投资的一条铁律，为了避免风险过于集中。这一铁律本身没有问题，但凡事过犹不及，某些投资者为了分散而分散，一次投资十几个甚至几十个平台，但这样不仅不能规避风险，反而容易因为筛选不细致，导致误入一些不够安全的平台，增加了投资风险，违背分散投资的初衷。

● 雷后管理

在 P2P 平台进行融资，很有可能"中雷"，所谓的"中雷"就是投资失败或者陷入贷款骗局。一般来讲，中雷后有两种选择，一种是维权，一种是放下后寻找其他投资机会。目前投资者普遍会先选择维权，直至维权无效，才无奈放下。

其实有时候维权是不必要的，因为当你面对一个雷时，首先要明白这个雷是什么性质，是逾期？坏账？资金链断裂？还是骗局？

如果是平台经营不善，产生大量的逾期坏账，那么平台可能只是短时间内拿不出钱，等后续通过追偿坏账资产或平台法人的自有资产，也许能为投资者挽回一些损失，这种情况可以参与维权，因为有挽回损失的可能；但若是因为亏空太大，捂不住了而导致资金链断裂，平台确实已经没钱了，这种情况维权只是浪费时间，放下才是最好的选择。

● 不能单纯从收益的高低判断平台的安全性

收益是平台给投资者的一个价格，价格的高低取决于平台的风险定价能力。如果平台实力强、投资者信任度高，那么它的风险定价能力就强，给投资人的利息就相对要低。如果平台实力一般、投资者信任度不高，那么它的风险定价能力就弱，给投资人的利息自然就高一些。

此外，不同业务模式的收益也会有差别，这取决于这种业务所处的市场环境。比如，做的人是不是很多，竞争会不会很激烈，收借款人的利息一般是多少，业务成本高不高等。所以单纯从收益的高低去判断平台的安全性是不够的。

● 期限短不一定安全

就目前来说，认为"期限越短越安全"是有一定道理的，毕竟行业还不够规范，拆标和资金池运作等情况比较普遍，其中暗藏的风险难以预料，所以贷款者不敢长期借款。

但从另外一角度来看，投资者喜欢投短期标，为了迎合投资者的需求，很多平台只能玩"长拆短"，这就助涨了拆标的现象；标的期限的长短跟业务模式有关，比如企业短期拆借的期限可能很短，而个人信用借贷期限可能就长一些。不过安全与否，还得看风控，看保障。

No.80
个人创业的融资技巧有哪些

很多创业者在创业初期都会遇到融资难的问题，要想顺利融资，需得掌握一些融资技巧。那么个人创业时，有哪些融资技巧可以借鉴使用呢？接下来我们就来详细了解这些技巧。

正所谓"知己知彼，百战不殆"，所以创业者在融资贷款前弄清各种贷款融资的适用范围是必不可少的。

（1）各种融资贷款的适用范围

不同的融资贷款方式或渠道适合不同的创业者或企业，了解这些贷款方式的适用范围可以帮助创业者或企业更好地获得贷款资金，具体内容如表 8-5 所示。

表 8-5　各种融资贷款方式的适用范围

方式	适用范围阐述
银行贷款	适合创业者的银行贷款形式主要是抵押贷款和担保贷款两种，而创业者想要获得银行的信用贷款较难，所以创业者或小企业最好不申请信用贷款。其中，无形资产抵押贷款适用于拥有专利技术或专利产品的创业者；而专业担保公司担保贷款适合于初创业公司，托管担保贷款适合创业阶段企业；高科技创业企业适合项目开发贷款，他们利用公司拥有的具有重大价值的科技成果向银行或其他金融机构申请贷款；出口导向性企业适合出口创汇贷款
股权融资	创业公司可以选择这一融资渠道，但需要注意股权出让比例，因为股权出让比例过大可能失去对企业的控制权，而出让比例不够又可能让提供资金的投资者不满，最后导致融资失败
融资租赁	对于缺乏资金的新创企业来说，融资租赁的好处显而易见，主要是融资租赁的灵活付款安排，例如延期支付，递增或递减支付，使承租用户能够根据自己的资金安排来定制付款额；全部费用在租期内以租金方式逐期支付，减少一次性固定资产投资，大大简化了财务管理及支付手续，另外，承租方还可享受由租赁所带来的税务上的好处
风险投资	风险投资适合于高科技领域的创业者
民间资本	这一融资渠道在实际运用比较广泛，几乎适合所有类型的企业，但大型的集团企业不适合这一融资方式。因为集团企业所需要的资金一般较大，公司本身为了减少贷款风险也不愿意吸收分散的民间资本

（2）融资小技巧

了解了各种融资方式适合的企业类型后，企业就需要掌握一些具体的技巧，从细节处寻找融资的突破口。

● 做好融资计划

创业者需要制定一份简单的融资计划书，在向投资者进行介绍时，气场要足，个人素质和魅力比计划书的 PPT 更重要；计划书中要谈及市场需求、企业竞争和资金等大家不愿面对但不得不面对的痛点，赢得听者的共鸣；计划书多用数据、图片、图表或视频，少用文字。

● **融资目的不能太明显**

当企业向银行以外的金融机构贷款时，融资的目的不能太直接，否则会让金融机构对企业产生反感情绪，妨碍融资。

● **巧选银行**

贷款也要货比三家，按照金融监管部门的规定，各家银行发放商业贷款时可在一定范围内上浮或下浮贷款利率。其实到银行贷款和去市场买东西一样，货比三家才能挑选到物美价廉的商品。

相对来说，国有商业银行的贷款利率要低一些，但手续要求比较严格。公司可以对各银行的贷款利率及其他额外收费情况进行比较，从中选择一家成本低的银行办理抵押、质押或担保贷款。

● **合理挪用住房贷款**

若创业者手头有购房款，可先用这笔购房款进行创业，然后再向银行申请办理住房贷款，因为住房贷款的利率比一般贷款的利率要低，创业者可以间接省下一笔利息。

● **合理选择贷款期限**

银行贷款一般分为短期贷款和中长期贷款，贷款期限越长利率越高，若创业者资金使用需求的时间不是太长，应尽量选择短期贷款。比如，打算办理两年期贷款可一年一贷，这样可节省利息支出。

另外，创业融资也要关注利率的走势情况，如果利率趋势走高，应抢在加息之前办理贷款；如果利率走势趋降，在资金需求不急的情况下则应暂缓办理贷款，等降息后再适时办理。

● **用好政策**

目前，市场上的创业贷款受到银行和政府的低息待遇，创业者可以利用好政府或银行的相关优惠政策进行贷款，给创业减轻经济负担。

● 提前还贷

创业过程中若因效益提高、货款回笼、淡季经营及压缩投入等原因致使经营资金出现闲置，这时可向贷款银行提出变更贷款方式和年限的申请，直至部分或全部提前偿还贷款。贷款变更或偿还后，银行会根据贷款时间和贷款金额据实收取利息，从而降低贷款人的利息负担，提高资金使用效率。

No.81
创业融资需要注意什么问题

大多数人对"融资"并不陌生，都知道融资其实就是借钱。根据实际生活的经验，借出钱的人有风险，借入钱的人也会面临风险，而创业公司融资亦是如此，在融资过程中需要注意一些问题，防止融资失败。

融资失败可以理解为没有借到资金和陷入贷款骗局这两种情况，而为了避免融资失败，创业者需要注意哪些问题呢？

● 了解谁是潜在投资者

公司在融资时，可以借鉴一些指标来确定潜在投资者，比如行业领域、投资阶段、地域相近性、拟筹资金额、投资者是否已经投资了业务类似或相竞争的公司及与潜在投资者之间是否有联系人等。

● 关于退出

风险投资必然会在某个阶段退出公司，即使它不想退出，但资金周期也使得它不得不退出。创业者不能认为风险投资会陪伴你终生，也别觉得投资者的退出是看不起自己，他们的退出是一种非常正常的行为。

● 双赢

你引风险投资者进来，不是割肉，而是双赢，不要动不动就觉得别人占你便宜。不管你的技术多好，现金始终发挥着最大价值。在某个阶段你有了钱就能做很多事，例如扩大团队和投入市场等。公司的技术和创业者的理想都建立在钱上面。

● 诚信

公司与投资者之间要建立良好的关系，最重要的是双方的诚信，互相信任可以更好地完成公司的经营。不过，公司向银行或金融机构贷款，其保障比一般的投资者要高，但也不能忽视诚信问题。

● 把握好融资节奏

创业公司做融资，一次性不要融资太多，在估值时也要进行阶段性估值。因为一次性融资太多，不仅浪费资金资源，而且会增加公司的利息负担。

● 融资时机

现金流为负，业务发展稳定的情况下，从现金预测为零点倒推9个月左右开始筹措，因为中间很多博弈和出状况的可能，需要预留充裕的时间；有计划有策略地准备加大投入、快速扩张及抢占市场时需要准备融资；竞争对手在融资，并且资金会带来竞争力的差别时，公司要开始融资；想提升团队、产品或技术平台时要融资。

● 妥善签订期权和股权方面的文件

公司可以将一定比例的股份预留在期权池中（风险投资者通常会在对公司进行投资前估值时把预留期权考虑进去）。公司要及时记录期权和股票发行，切勿做出任何不成文的股权安排，不要签订任何有悖常理的股东协议，最好在公司章程中加入优先购买权的规定。

No.82
如何获得风险投资

> 风险投资简称 VC，广义的风险投资泛指一切具有高风险和高潜在收益的投资。风险投资可以为知识经济提供金融支持，同时还能促进科技优势向竞争优势转化，那么公司如何才能获得这样的风险投资呢？

一般的风险投资是指对以高新技术为基础，生产和经营技术密集型产品的投资。

（1）公司自身应具备的条件

任何一家投资公司都不会选择那些不具备成功条件的企业进行投资，因为投资公司也要考虑投资风险，所以公司要优化自身条件才能吸引投资公司的眼光，促使投资公司进行投资。

- 有较高素质的风险企业家：公司的领导必须有献身精神、有决策能力、有信心、有勇气、思路清晰、待人诚恳和出色的领导水平，并能激励下属为同一目标而努力工作。

- 符合实际的有远见的企业经营计划：公司需要有既符合实际又有远见的经营计划，这个计划要阐明创办公司的价值，明确公司的发展目标和趋势，明确公司的市场和顾客，明确公司的优势和劣势，同时指明公司缺少的资金。

- 有市场需求：公司的技术、产品或服务有市场需求或潜在的市场需求，因为有需求就会有客户，有客户就会有市场，有市场就有生存发展空间。

- 有经营管理能力：公司的领导或高层要有明显的经营管理能力和经验，让投资公司感受到本公司的经营制度优势。

- 有高效能的运转组织机构：公司要有技术和营销人员配备均衡的管理队伍，这样既有技术支持，又有市场可以开拓，公司看得到发展前景，投资公司才可能愿意提供资金。

- **较高的创新效率**：大多数风险投资者更偏爱小公司，所以其实新公司比大公司有更好的优势获得风险投资。因为小公司的规模小，需要的资金量小，风险投资公司所冒的风险也就小，而且小公司的发展空间更大。所以小公司要不断提高技术创新效率，要保持公司的活力，要更能适应市场的变化。

- **需要融资的项目要有价值**：公司需要融资的项目应具有一定规模；项目的风险是可以确认和预知的；项目业务最好有短期内大幅度增长的潜力；产品和服务应具有独特性和竞争优势；项目企业必须具有扩大销售额和获取利润的巨大潜能；风险投资能够在某一时间点上从项目中撤出和变现。

（2）获得风险投资的要点

在获得风险投资的过程中，不仅需要提高自身的条件，还应掌握一些获取风投的要点，增加获取风投的可能性。

- **拥有先进技术或产品**

风险投资者特别偏爱那些在高新技术领域具有领先优势的公司，比如软件、药品和通信技术等领域。

如果公司有一项受保护的先进技术或产品，那么公司就会引起风险投资公司更大的兴趣。这是因为高新技术行业本身就有很高的利润，而领先的和受保护的高新技术产品服务更可以使风险企业很容易地进入市场，并在激烈的市场竞争中立于不败之地。因此，这些企业常常可以筹集到足够的资金以渡过难关。

- **尽量成为"亚企业"**

风险投资公司并不会单给一项技术或产品投资。风险投资家资助的是那些"亚企业"——已组成了管理队伍，完成了商业调研和市场调研风险的企业，这样的企业获得投资的概率要更大一些。

● 选择符合其投资区域要求的风险投资公司

一般的风险投资公司都有一定的投资区域，一是指技术区域，风险投资公司通常只对自己所熟悉行业的企业，或自己了解技术领域的企业进行投资；二是指地理区域，风险投资公司所资助的企业大多分布在公司所在地的附近地区，这主要是为了便于沟通和控制，一般投资人自己并不参与所投资企业的实际管理工作，他们更像一个指导者，不断地为企业提供战略指导和经营建议。

● 向风投公司自荐

即便创业者已经搭建了好项目、打造了好团队，也需要向风投公司展现自己的优势，这直接决定了风投公司能否对自己另眼相看。主动出击才可能让风投公司看到企业，才可能为公司争取到融资机会。

● 营造炙手可热的氛围

创业者可以多找一些投资人进行谈判，只要项目有市场空间，估值又不是很夸张，那么在谈融资时，一定要让公司的项目有人抢，因为投资人最怕错过好的项目，如果好项目因为他们的犹豫而错过了，他们就会觉得很可惜，所以多找一些投资人谈判。

但如果融资时只有一个或两个投资人，他们的决策就会很慢，甚至一拖再拖，因为对他们来说项目拖得长更有利，需要融资的公司在成长，还会找他们融资，在他们犹豫的过程中，公司如果成长得不好，他们也有回旋的余地，这样就会阻碍公司顺利融资。

● 适当放弃小利益

在得到风投公司的初步认可下，就到了创业者"讨价还价"的环节，这一步也是影响创业者获取资金的最重要的环节。对于早期创业者而言，讨价还价并不是很重要，没必要去在乎那么 0.5%或 1%的股份，这样不仅会因为小利益而耽误拿到投资的时间，还会造成公司跟投资人之间的不愉快，早期创业者要尽快拿到钱去做事情。

No.83
初创科技企业如何打动"天使"

"天使"就是大家都熟知的天使投资，是指富有的个人出资协助具有专门技术或独特概念的原创项目或初创公司。既然如此，初创科技企业怎样能打动"天使"得到融资资金呢？

天使投资是风险投资的一种，在天使投资平台上会出现大量的天使投资人和创业项目，交流对象众多，同时也是项目快速成交的好方式。天使投资平台有线上、线下和两者结合等几种形式，目前互联网已赋予传统的天使投资方式新的活力，推动着天使投资业的快速发展。

由于天使投资是针对有专门技术活独特概念的原创项目或初创公司进行的投资，且一般是一次性的前期投资，因此它是初创公司的发展契机。那么最符合投资对象的初创科技企业如何才能打动"天使"呢？

（1）创始人的格局要深

如果创业团队的创始人格局深度不够，投资者在与其交谈时就会出现"时差"，沟通起来很费劲，有时投资人说的一件事他回去要十天半个月才能想明白，这样的创业者投资人肯定是不喜欢的。

（2）创业者的类型很重要

外向型创业者的认知边界是平移且横向的，往往突破不了投资人的认知边界，其阐述的创业想法很可能早已有人提过，这种浮于表面的横向发展和基于简单的商业模式的创新与思考，投资人是不看好的。而内向型创业者的认知边界是纵向的，向内深入探索的。

这样的创业者介绍自己的项目第一层时，还在投资人的认知掌握范围内，但到了第二层投资人就只是略懂了，再往后讲，投资人必须要认真聆听。具有这种内向型认知边界的创业者，正是投资人需要找的合作对象。

（3）够大的产品市场空间

产品市场空间就是产品的供需范围，产品的市场空间大，才能说明产品被人需求的量大，对公司来说业绩才会高，收益也就高；对天使投资来说该公司的发展潜力越大，给公司投资资金时的风险才会小。

（4）领先的技术

所属行业是否拥有较高的技术壁垒，企业是否掌握了行业的领先技术，这是初创型企业能否获得风投关注的重点之一。

此外团队能力也很重要，天使投资绝大部分都是基于创业者个人及其团队的投资，其中包括团队核心成员的创业激情和驾驭专业知识的能力等。公司拥有领先技术，天使投资看得到公司发展的潜力，才可能愿意拿出自己的钱来投资。

（5）团队执行力

团队具有较强的执行力，团队中每个成员都很有思想，且都很务实，这样的团队工作效率也会比较高，很多项目或业务执行起来比较快，且目标一旦设定就不容易改变。工作效率高的团队，在同样的时间内创造的收益要更多，所以天使投资更愿意投资执行力强的团队。

（6）创新的投资意向书

投资意向书中介绍公司是干什么的、公司需要什么、利润如何，以及股权等问题，要表达公司想和天使投资建立合作关系的意愿。总的来说意向书的基本内容都是一样的，公司要打动"天使"，就得让自己的投资意向书有别于其他公司或团队的意向书。比如，创意书中多使用一些直观的数据。

（7）做场景规划

数字是重要的，但天使投资人一般需要明白公司出现问题时要如何修复。比如，有一个董事会的位置，自己如何被知会什么发展正常，什么信息被披露。一定要讲出哪些是企业资产，哪些是个人资产，在投资被转化之前，公司被收购了会如何？投资人得到多少钱，这些投资在出售前就能变现吗？彻底想清楚这些问题，即使看起来很遥远，但也要大声讲出来。

—— 创业百问——新手开公司前需了解的事 ——

第 9 章

公司经营过程中
可能遇到的其他问题

公司在经营过程中，除了会遇到股权分配、公司注册、人事与行政管理、客户选择开发、财务税务、推广营销及资金短缺等情况外，还可能遇到其他一些不起眼但很重要的问题，比如产品的开发、产品质量管理、知识产权和公共关系等的处理。

No.84
开发产品需要考虑哪些因素

> 开发产品是一个公司不可忽视的环节，有产品才有客户，有客户才有业绩，有业绩才能促进公司的发展。那么公司要考虑哪些因素才能顺利开发产品呢？

为了让产品的开发工作进展顺利，在产品开发前公司需要考虑各方面的问题，具体内容如下。

● **产品市场**

公司在开发产品前期要考虑这一产品的市场或细分市场，要确定产品的市场空间足够大，也就是市场对该产品有广阔的需求。

● **资金是否到位**

公司在开发产品时，需要技术、产品、设计和业务人员的配置，开发周期短则数月，长则一年甚至更长。在这过程中，公司要核算好员工的工资和办公环境的开销，然后根据资金情况决定是否融资。若剩余资金充足，则没有必要融资，但若资金不足，公司就要赶紧融资，此时如果资金无法到位，公司自身又不能解决开销问题，公司就不要考虑开发周期太长的产品。

当然，在初创企业中很可能一两个人身兼数职开发产品，这往往要求公司的合伙人或自己是优秀的全栈工程师（全能人才），所以一般技术创业比较靠谱，因为它对资金的需求没有那么急切。

● **投入多少资源**

创业者要考虑好在一个产品上投入多少人、多少钱及通过什么渠道。如果创业者只能争取到部分资源，说明公司对产品的重视程度还不够，此时如果勉强开发，其结果也不会太好。对于初创公司来说，一般创业者能做主将大量资源投入某一产品上，但公司具有相当大的规模时，就要做好投入资源的规划，实现各种资源的最大利用率。

● 人才储备

"我们有一大堆想法，就差程序员了！"这样的创业是灾难，公司不要想在开发过程中临时招人，更现实的判断是就算你的团队完整，产品开发途中也可能有人离职。

在最基本的人员配置齐备之前，大工程是不应该开始的，否则很容易中途脱轨。如果预期的产品开发任务很重、周期很长且外包也不能救火，在技术人才到位之前，还是先不要进行开发工作较好。

● 竞争对手的情况

如果公司确定了产品的开发方向，却发现有人在做类似的事情，那么虽然遗憾，但理智的决定也应该是换方向或放弃开发产品。当然，中国的市场很大，如果竞争不是特别激烈，尽全力一搏也还是有机会胜出的。

● 政策风险

国家出台的一些政策会限制某些产品或行业的发展，比如智能电视、打车软件、在线视频及第三方支付等业务。

因此公司在选择开发产品时要明确国家的相关政策，避开那些被政策限制的产品进行开发。当然，如果你自信有方法绕过政策钳制，或者你认为政策的影响不会太大，那就放手去做，总之不要冒太大的法律、政策风险。

● 投资人的意见

公司如果有融资，那么在产品开发上就会涉及公司方和投资人的共同意见，这其中双方免不了有意见分歧的时候，此时要看公司和投资人的分歧是否大。若真的存在较大的分歧，公司方要冷静下来想想到底哪种想法更好一些。

一般情况下，投资人是不会干扰创业者的重大决策的，投资人的意见对公司方来说应该被当作另一种思路——当他们提出疑问时，创业者正好向他们请教一番，很可能会注意到未曾发觉的细节，从而少走不少弯路。

● 公司的总体目标

创业者要考虑这个产品是否是公司大战略中的一环，又或者只是单纯的突发奇想。一般来说，公司不要用珍贵的资源去做偏离初衷的产品，毕竟频繁转型的成本是很高的，除了会浪费金钱，还浪费时间，更关键的是会损耗公司团队士气。而公司的合伙人和员工当初加入公司可不是乱打乱撞，切忌不要让他们越来越看不到最初的目标。

● 追求商业化的时机

一般情况下，创业者会认为在用户量和活跃度都没有成规模时，不需要添加任何商业内容。然而现实是，商业内容（比如合理的广告投放机制）往往需要很长的开发时间，如果创业者不想错过赚钱机会，就要对用户的增速有个系统的估计，并提前开始开发商业化的必备组件（如产品、销售、采购、生产和财务等业务功能模块）。

● 是拓展还是研发

公司是将更多的钱用来投放广告扩展市场，还是继续开发团队，增强团队的能力？在产品初期，体验方面还有很多问题且功能亟待完善的时刻，市场方面就不要做工作了，省下这部分成本赶快打磨产品。

在产品较为成熟，已经有较为忠诚的用户群体时，就要赶快开拓市场，寻求快速的用户增长方式，并确定用户增长模式，在用户增长模式稳定（月增长有一定规模，且再加大市场投入也不会有太好效果）后，重心又再回到研发上，不断创新产品，避免被后起之秀超越，但同时基本的市场工作也不能放松。一句话就是分时段重视拓展或研发，同时段两者要兼顾。

No.85
如何加强公司产品质量管理

公司的产品质量关系着客户对公司的印象，而客户对公司的印象好坏直接影响公司的业绩，所以公司要重视产品的质量。那么公司要如何加强产品的质量管理呢？

现实中，我们都知道抓产品质量的重要性，一些企业也确实下了较大的力气来抓，但十有八九的做法都是治标不治本。那么要怎样才能从根本上抓起产品的质量工作，治标又治本呢？

（1）建立一把手质量负责制

质量问题是一个关乎企业生死的战略问题。产品的质量可靠、有保证是一家企业要长久生存下去的最基本的前提。某冰箱 1997 年进入中国，曾经很长一段时间乏人问津，严重亏损，但凭借其产品出色的质量，逐渐被中国消费者接受。

目前这一品牌的冰箱几乎是最贵的，并且代表着最高端消费产品，其在一级市场的销量已稳居行业前列，这也使其成为中国目前盈利能力最强的冰箱品牌。因此，作为企业的领导者，尤其是产品公司的领导者，从企业长远发展的角度，必须要有强烈的质量意识。这个意识，不是只停留在口头上，而要采取实实在在的行动。

很多企业很奇怪，天天喊抓质量工作，但一碰到产品的质量与成本冲突，或与交货限期冲突时，却总采取牺牲产品的质量来保证降低成本或按时交货。这样做的结果，当然是使公司的质量工作成了摆设，结果不了了之，也在无形中告诉员工，质量工作是围绕利润转的，为了有利可图，产品可以偷工减料，可以马虎作业，质量工作是可有可无的。

企业的领导者通过言传身教让全体员工都有全面质量管理意识。若企业的领导者对待质量工作只是口热心不热，动口不动手，公司的员工心知肚明，就会敷衍塞责。

所以，一个企业要抓好质量工作，必须把质量意识嵌入整个公司员工的骨子里。产品出了质量问题，首先要处罚高层，从上往下追究责任，这样才可能将质量工作落到实处。

（2）新制定严格的质量管理标准

产品质量没有抓不好的，关键是看企业舍得花多大力气、进行多大的投入。从经营的角度考虑，企业不可能不计成本来强调产品的质量，这就有一个度的问题，即坚持什么标准来管理产品质量。

企业对质量管理的标准宜高不宜低，宜严不宜松，即企业的质量标准应高于国家和行业的规定。

因为企业开展质量工作过程中，在标准定下来之后会经历多个层级传递，首先是高层，然后是质量主管部门，接着是采购、研发和制造等部门，再往下是生产车间、班组和生产线上的工人，按照传递效能递减的规律，如果最初的标准不高，在经历层层递减后，最终能够达到的可能是一个很低的标准，而各种低标准重叠到一起，就会引发质量事故。

目前，大多数先进企业都采用了 ISO9000 质量管理体系，包括管理职责、资源管理、产品的实现及测量分析与改进这四大部分，它是以质量管理八大原则为基础建立起来的科学体系，在全球被广泛应用。ISO9000 质量管理体系实际上是一种质量管理规范，各个企业还需要根据自身的情况制定相应措施来落实体系。

从产品开发、工艺流程设计到原料采购，从第一道工序到产品下线，从装箱到运输，每个环节必须制定详细的、可控制的质量管理标准，落实质量管理责任制。

同时，要明确谁应该对哪一个生产步骤负责、产品需要达到什么标准、谁来检查及谁来对绩效打分等责任，将质量管理的理念贯彻到生产的各个环节。公司不仅要规定"怎么做"，而且要具体指出"谁来做"，做不好要承担什么样的后果和责任。

（3）加强质量管理的过程控制

很多企业平时不重视控制质量管理过程，比如，对员工进行质量知识的培训、原材料采购、技术研发及制造现场管理的不重视，而是热衷于以罚代管，在出现质量事故后对有关责任进行"秋后算账"，这样做实际上得不偿失。

加强质量管理过程的控制，不单是在产品的制造过程加强质量控制，而是要将此伸延到制造的上下游环节。比如，对原材料采购、技术研发、物流和售后服务等环节进行控制。

实践表明，产品质量事故由制造环节造成的，只占很小的比例，主要是由于技术研发不过关和原材料不合格等造成的。加强技术研发和原材料采购的把关，是加强质量管理控制的关键环节。

企业采用一项新技术的时候，必须小心翼翼地对产品质量进行药物研发上的"临床实验"。例如家电，电磁兼容、声学指标、高温、高湿、冷冻、跌落等环境可靠性试验绝对不能少。

一个产品正式推向市场前，最初的试产和内部员工试用也相当有必要，然后是小批量跟踪试销及随后较大规模区域市场投放，这几个步骤是不能任意删减的。这一过程虽然看起来比较刻板，但却是杜绝产品出现质量事故的铁的原则。

一个具有远大理想与目标的企业，要有专门的质量工程师帮助上游供应商进行培训、诊断和改进革新，供应商的进步有助于原材料品质的提高。

在采购环节中，必须坚持"质量第一、价格第二"的原则，遵从"99=0"、"1=100"的采购哲学观。也就是说，如果一件产品有 100 个零部件，只要有一个不合格，这件产品就是完全失败的产品；而在保证零部件质量增加一元的投入则可能减少服务费用并增加品牌价值上，增加相对收益 100 元。

（4）强化质量管理的执行力

质量管理工作牵涉的面积广，要使质量管理工作落到实处，除了要领导重视、严格标准及严厉处罚外，还需要全体干部员工自觉维护执行。从某种意义上来讲，企业就是一个执行的团队，企业的团队水平体现团队的竞争力，而执行力影响竞争力，团队的执行力分解到个人就是执行。简而言之，员工要"全心全意、立即行动"。

不能做到这一点，就很难有好的执行，企业团队就很难有好的执行力，很显然，公司依靠这样的团队去抓质量工作，效果不佳也实在很正常。

"人品决定产品"，劳动者素质和态度都在影响产品质量。因此，要强化质量管理的执行力，首先要提高质量管理人员的素质。选择质量管理人员，要挑选那些富有责任心同时又有创新意识和灵活性的管理者，而选择质量检验人员时，最好选择那些性格比较正直、严谨甚至是"苛刻"的员工，给予较高的待遇，创造良好的工作环境，让他们能切实地发挥才能和作用。

此外，公司还要倡导质量监督之风，每个下游环节员工就是上游环节的质量监督员，出现质量问题及时反馈给上游环节，杜绝不合格产品从自己手中流入下一个生产环节。

No.86
怎样进行公关谈判

> 公关谈判是指双方或数方组织就一项涉及各方利益的问题，利用协商的手段，经过反复调整各自的目标来满足己方的利益的过程。事实上，公关谈判并不是件简单的事，那么公司如何做好公关谈判呢？

对于初创公司来说，谈判经验缺乏，在维系公共关系方面还有一定的困难，所以更应该学习如何进行公关谈判。

（1）公关谈判的一般流程

公司在学习如何进行公关谈判时，要先了解公关谈判的一般流程，掌握大概的谈判程序和内容，帮助公司更好地掌握公关谈判。

● 准备阶段

确立意向（是否谈判）和目标（最高和最低目标）；尽量收集谈判对方的资料，了解对方；根据谈判目标设计谈判技巧（施压、控制、协商、迂回或拖延等战术）；最后要选择进行谈判的人员，包括首席代表（具有优秀的观察、判断、表达能力和坚强、自信、沉着的意志品质）和随从人员（有优秀的观察、判断和表达能力，组织纪律性强，协调能力强）。

● 谈判进行中

谈判的进行过程一般分为以下 5 个阶段。

① 导入阶段。谈判双方互相认识，尽量制造一种轻松愉快的谈判气氛。

② 概说阶段。双方进行适当的沟通，各自陈述自己的立场和目标，同时提出自己的条件或方案。

③ 明示阶段。这一阶段将暴露双方的矛盾，各自要做的就是尽早接触实际问题，主动提出解决问题的方法。

④ 交锋阶段。这个阶段最重要，最关键，同时也是最困难的，双方都会列举事实，希望说服对方接受自己的意见，在交锋中，一方面要利用谈判技巧，为己方获得最大的利益，另一方面，也要考虑对方利益，达到互利互惠的结果。

⑤ 妥协阶段。交锋不可能永远持续下去，交锋的结尾，就是妥协的开始，妥协是双方利益的协调，是达成协议的开始，但妥协的原则一般不得低于己方最低目标。

● 签订协议

经过交锋与妥协，在双方都认为达到自己的目的后，就进入协议的签订过程，签订协议前，双方一定要最后核实协议文本，在一切确认无误后，交给己方领导签字生效。协议签订后，双方应严格按照协议内容认真履行自己的承诺，尽量不要因为任何原因违背协议。

（2）公关谈判的策略和方法

谈判是一项充满智慧、勇气、艺术和技巧的人类活动，就公共关系谈判而言，作为协调组织与公众间的关系行为的一种方法，它对改善组织与公众间的关系和树立良好的组织形象起着相当重要的作用。那么，公司需要掌握什么样的谈判策略才能做好谈判呢？

● 环境造势

在企业社交活动和商业活动中，除了为显示实力引起对方注意，营造"过了这个村没有这个店"的情形外，更多的是创造和谐、欢悦和心安理得的气氛，如陪同观光、跳舞等。

● 擒"王"谈判术

谈判是不流血的战争，为了赢得谈判的胜利，抓住对方的关键人物至关重要。历史上，谈判陷入僵局时，因为擒"王"术而成功的范例很多，所以在现代公共关系谈判中，擒"王"谈判术的哲理和技巧还起着大作用，谈判效果显著。

● 模糊谈判术

这种谈判术多借用模糊语言，在对方麻痹的情况下为自己赢得机会，模糊的语言和文书在企业外交中很有用处。例如，当你不愿办某事但又不愿使关系破裂时，你得借助"模糊术"，一时不能办，今后可以办，以此来赢得时间。模棱两可的说话方式就是对事件不明确表态，不肯定也不否定。该方法在谈判初期经常使用。

一个成熟的谈判者要善于使用模糊语言，善于控制自己的情绪，尽量不要使用"肯定是"、"毫无疑问"和"一定要"之类的语言，应该用"我认为"、"我假设"或者"是否可以这样"等语言来表达自己的意思。模棱两可的语言和态度可以较好地表达自己的真实意图，从而减少失言和错误。

● 因人而异谈判术

在公关谈判中，面对不同对象时以不变应万变就是高招。使用这一策略，要求谈判者懂得一定的心理学，研究对方的需要，思索怎样在给予对方的过程中我方有所"获取"，考虑如何因对象不同和环境变异而选择不同的方法去顺应、抵制或改变对方的动机。

在因人而异的谈判过程中，谈判者要注意观察对方的谈吐、举止、神情和姿态，从中捕捉到对方思想动态，并根据其思想动态采取相应的对策。这种方法在明示阶段和交锋阶段使用最多。

● 抛砖引玉法

设计一些特殊的问题，通过对方的回答了解对方的意图和底线，为己方赢得更大的利益。

● 先苦后甜法

在日常生活中，若有两种外来信号的刺激，人们总是将第一信号作为标准用来衡量后来的信号。在谈判中，若先向对方提出苛刻条件，制造一种艰苦谈判的假象，然后选择适当的时机做出让步使对方满足，往往容易取得谈判的主动权。先苦后甜法一般是在己方处于优势和主动的情况下使用，但需要注意，所提条件不能过于苛刻，不能超过对方的底线，否则对方会停止谈判。

● 沉默忍耐法

这是我方处于被动时的策略，谈判一开始就保持沉默，迫使对方先发言、先表态，其目的是给对手造成一种心理压力，使其失去冷静，在这种情况下，对手的谈判计划可能会被打乱，出现言不由衷和信息泄露的情况，为我方寻找突破口提供机会。但需要注意，在对手采取咄咄逼人的攻势时，头脑要清醒、忍耐力要强且情绪要平稳，在对手锐气消失后，再提出自己的主张。

● 利益引诱法

在谈判双方利益冲突尖锐时，寻求双方对立立场背后的共同利益，利用这个利益来提醒和诱导对方，尽量使对方因为这一利益而妥协。

● 情感沟通法

利用情感因素去影响对手，达到联络感情、增进友谊和促进谈判顺利发展的目的。谈判前，了解对手的兴趣、爱好和目前的困难等，在谈判时就这些问题给出对方相应的建议或解决办法，让对方感受到我方是在帮助他们。

No.87
无形资产能用来注资吗

> 实际情况中，很多公司都没有足够的货币资金用来注册公司，因此就会想要用无形资产注资。那么公司能不能用无形资产注资呢？答案明显是能，但公司能不能全部由无形资产注资呢？

无形资产是指企业拥有或者控制的没有实物形态的可辨认的非货币性资产，比如公司的专利权和商标权。

根据《公司法》规定，无形资产可以由具有无形资产评估资质的评估机构评估作价后，以出具的无形资产评估报告作为注册资本金投资到公司进行资本注册，且最高不超过注册资本的 70%。

公司的无形资产包括权利类无形资产（销售合同等）、关系类无形资产（销售网络等）、集合无形资产（商誉）及知识产权（商标权、专利权、特许使用权、专有技术、著作权和版权等）。股东可用实物、知识产权和土地使用权等非货币财产作价增资，但法律法规规定不得作为增资的财产除外。例如，特许经营权就不能用来作价注资，而能够作价出资的一个先决条件是特许经营权的发放要公开、公正和透明，要引进拍卖和招标的竞争机制。

根据《公司登记管理条例》规定：第十四条，股东的出资方式应当符合《公司法》第二十七条的部分规定，股东不得以劳务、信用、自然人姓名、商誉、特许经营权或设定担保的财产等作价出资，但公司设立时是否可以债权出资仍然存在争议。

无形资产注资比货币资金注资要多一些流程，而这些流程是进行无形资产注资必不可少的，所以创业者要清楚了解无形资产注资的过程，如图 9-1 所示。

无形资产评估

无形资产出资时需要第三方评估机构进行价值评估，一般首选"收益法"，常用指标有收益额、受益期限和折现率。但是收益法带有一定的主观偏差，所以无形资产注资时，一般要请具有相关资格的评估机构重新复核无形资产的评估结果。

办理财产转移手续

无形资产注资的，根据公司法的规定，要办理财产转移手续，即将无形资产的所有权由股东更改为公司。

验资

无形资产注资与货币出资、实物出资一样，在注资完成后由会计师验资，同时计入公司的实收资本。

图 9-1 无形资产的注资过程

无形资产的注资程序中常常会出现一些问题，这些问题对公司有没有影响？要怎样处理这些问题？具体情况如下。

● **没有评估报告**：由保荐人核查，并对是否存在出资不实出具意见，在不存在恶意行为、不造成出资不实、通过了评估复核等手段予以验证、价值已摊销完毕并转化为经营成果、对未来没有影响或不存在潜在风险的情况下，一般不构成公司上市障碍。

提示

有些地方规定出资可以没有验资报告，但有严格的程序。如果是货币出资，需要全部银行入账单和审计报告以确认公司收到出资；若是非货币性出资，需要评估报告和审计报告。

● **验资报告存在瑕疵**：由出资人的会计师进行复核，说明出资真实足额且有效完整，再由保荐人和律师出具专业意见，说明出资的真实性、合法性和充实性。

● **中介机构没有相应资质**：若验资/评估机构不具备相应资质，则需对其出具的报告进行复核。申报期内的验资/评估报告要复核，申报期外的可不复核；资本项下的增资/出资行为要复核，经营项下的可不复核；涉及金额重大的要复核，申报期外金额巨大的也要复核；重要的子公司要复核，一般子公司可不复核。

● **无形资产占比过高**：这种情况一般出现在新《公司法》实施以前的公司中，主要是历史遗留问题。出现这种情况需要如实披露，承认有不规范且瑕疵的地方，说明无形资产是高新技术成果，并与出资人的主营业务高度相关，必要时需寻找相关的文件支持，寻求工商等部门的认可。

No.88
知识产权如何直接变现

知识产权是公司的无形资产，而变现就是把无形资产转换为有形资产如现金等。有些公司在急需现金时，就会将像知识产权这样的无形资产进行变现，那么知识产权要怎么样直接变现呢？

知识产权变现有很多种方式，如出售、作价出资、质押、政府资助、信托及证券化等，具体阐述如表 9-1 所示。

表 9-1　知识产权变现的方式

方式	具体阐述
出售	知识产权可以在专利展示交易中心和中国技术交易所等产权交易机构进行出售，这些是国内的产权交易市场。而国际交易市场有 BTG、yet2.com 等
作价出资	将知识产权作价出资，也就将知识产权转化成了货币资金。知识产权在做价值评估时有 3 种方法，重置成本法、市价法和收益法
质押	将知识产权作为质物进行质押贷款，间接将知识产权变现。这一变现途径通常要求企业的知识产权已处于实质性实施阶段，企业要有两年以上的经营业绩和盈利记录，财务管理制度规范，企业法人代表具有良好的信用记录。而银行出于风险控制的考虑，尚未实施产业化的个人发明通常不纳入考虑范围

续表

方式	具体阐述
政府资助	申请人或知识产权中介机构在线申请专项资金；专家委员会对申请材料进行正式评审，确认拟资助的申请人名单（包括资助项目和额度）及拟承担项目服务的中介机构名单，并报主管部门核准；申请人与中介机构对接，签订资金管理三方协议，并给申请人拨付资金
知识产权信托	首先要签订信托合同，然后办理信托登记，领取信托收益权证书，信托机构管理信托资产（知识产权），最后实现信托收益，此时的收益就是货币性资金
知识产权证券化	发起机构（通常为创新型企业）将其拥有的知识产权或其衍生债权（如授权的权利金）移转到特设载体，再由此特设载体以这些资产作担保，经过重新包装、信用评价，以及信用增强后发行在市场上可流通的证券，借以为发起机构进行融资。知识产权的所有者或其委托的服务人向知识产权的被许可方收取许可使用费，并将款项存入特殊目的公司指定的收款账户，由托管人负责管理；托管人按期对投资者还本付息，并对聘用的信用评级机构等中介机构付费

No.89
企业如何保护知识产权

知识产权是看不见、摸不着的，导致有些企业不知道知识产权为何物，同时缺乏知识产权的保护意识，让公司不仅失去了发展的机会，有些甚至威胁到企业的生存。那么企业要如何保护自己的知识产权呢？

随着我国知识产权法律的日趋完备，知识产权保护力度的日益加强，作为一种无形财产权的知识产权与企业之间的关系已渐趋紧密，可以说没有知识产权就没有企业。

但是，随着经济的发展，社会关系越来越复杂，企业在知识产权方面出现的问题越来越多，很多公司也深受其害。所以企业要懂得如何保护自己的知识产权，为公司的顺利发展提供良好的环境。

● 了解企业享有的知识产权

企业通常享有的知识产权有企业名称、专利技术、专有技术（技术秘密或技术诀窍）、注册商标、商业秘密及产品包装装潢等。

● 及时取得相应权利

公司依据知识产权法，及时取得相应的权利。知识产权中除了著作权和制止不正当竞争权以外，都不是自动产生的，专利权实行申请在先原则，而商标权遵循注册确认和申请在先原则，企业只有及时申请并获得授权或注册成功后，才能有效地保护自己的知识产权不受侵犯。

● 健全内部知识产权规章制度

企业内部健全的知识产权规章制度是十分重要的，若知识产权规章制度不完善，会使得一些技术秘密和商业秘密很容易泄露，给企业带来不可估量的损失。对此，企业可以建立专利和专有技术申报制度、计算机软件购销审批制度、职工在工作中完成的知识产权归属及奖励办法及职工应承担的保护企业知识产权的义务等，其中包括保护企业技术秘密和商业秘密不受侵犯的义务，以及泄露秘密应承担的责任。有条件的公司还可以设立专门的知识产权管理机构。

● 防抄袭、克隆

公司的商标和专利等知识产权，在设计或研发时就要防止抄袭或克隆。比如，网络游戏软件多设计一个认证环节，弄两个服务器端。对出现的侵权行为，先不要打草惊蛇，取完证再打击。

A 厂被 B 厂起诉，称其生产某台机器侵犯了 B 厂的专利权。而 A 厂属于刚刚创业起步，企业主之前是 B 厂的销售经理，后来辞职自己创业，但企业刚刚成立不久，就被 B 厂起诉至法院，因 A 厂的工程师以前也是 B 厂员工，该工程师与 A 厂企业主先后离开 B 厂，在此先不谈该案是否涉及竞业限制。

A 厂被诉侵权的是一台价值 30 万元的机器，B 厂认为 A 厂生产的机器侵犯了 B 厂的专利权，后来经过相关机构的仔细分析，A 厂并未构成侵权，因为 A 厂将该机器重新进行了研发，并获得了该机器的 7 项专利权，B 厂提供的设计图纸与 A 厂生产的机器多处不一致，后经过法院审理，原告撤诉，A 厂不构成侵权，避免了一场高额赔偿诉讼。

这场诉讼虽然标的不是很大，但如果 A 厂被认为构成侵权，一方面无法履行与买方的机器买卖合同，面临违约责任，另一方面该厂将进入关门停产的境地。幸运的是，该厂企业主充分利用了《专利法》，在原来的基础上对产品进行升级改造，使得新产品具有旧产品没有的功能，并及时申请专利，用法律来保护了自己公司的合法权益。

● 对侵犯知识产权的行为采取果断措施

目前我国对知识产权保护实行"双轨制"，即被侵权人可以向知识产权行政执法部门（如专利局、商标局和版权局）投诉，请求对侵权行为进行查处，也可直接向人民法院起诉。但无论采取哪种途径，企业在发现他人侵犯自己知识产权时，应及时收集证据。

● 提高员工的知识产权保护意识

企业应对职工进行知识产权普法教育，将其作为新职工上岗前培训的必修课。

No.90
创业者最常接触哪些部门

创业者常接触的部门包括公司内部的职能部门和外界的相关单位机构。为了促进公司的发展，创业者要常常与这些部门交流，维护好员工和公司之间的关系及公司与外界机构的关系。

创业者与一般的企业领导不同，他们一般都会直接与职能部门沟通、与外界机构打交道，这样能够更好地保证公司的发展前景和发展道路的顺畅。创业者最常接触的部门如表 9-2 所示。

表 9-2　创业者最常接触的部门

部门	公司名称
公司内部职能部门	创业公司与一般的公司不同，他们更关注公司的销售业务和管理工作，因为销售业务可以让公司快速发展起来，而管理能让公司更稳固。所以创业者经常接触到的职能部门有销售部和人事部，当然财务部也是常常接触到的部门
区政府	不管创业与科技有没有关系，企业一般是不能忽视区政府的存在的。平常会与企业产生最多联系的政府部门就是区政府，当然也可能是更具体的街道办事处。与当地政府关系亲密自然是好事，但公司也要保持自己的独立性，学会适当拒绝，不要在公共关系维护上花太多精力，因为政府很可能会邀请公司参加一些与企业关系不大的活动，这时企业要多加斟酌
市科学技术委员会	简称科委，它是负责科技工作的政府部门，下设机构较多。科技公司和创业公司会经常与科委产生联系，企业需要注意的是，科委并不只是关心高新技术，一般的互联网企业也可能与科委挂出的项目有关系
科技园区管理委员会	简称管委会，比如中关村管委会。国内有科技园区的地方一般都会有相应的管委会，管委会是负责对科技园区发展建设进行综合指导的市政府派出机构，有下设机构和直属单位。管委会对园区内各项事务都进行着日常管理和长期规划，对于创业者而言，无论是否愿意，很多时候都必须与管委会打交道
科技部火炬中心	简称火炬中心，旨在发展中国高新技术产业的指导性计划——火炬计划，而 1989 年成立的科学技术部火炬高技术产业开发中心就是火炬计划的具体组织实施单位，是隶属于国家科学技术部的独立事业部法人单位。火炬中心推动火炬计划，日常也会参与各处高新技术开发区的管理，会举办很多赛事，所以创业公司也会经常与火炬中心接触
供应商	创业者如果是以销售商的身份经营公司的，那么公司还会经常和供应商打交道，包括单个的供应商和生产性企业等，因为这涉及公司销售的货源
媒体	创业公司在经营初期，知名度不够高，要想为人所知就得做好宣传工作。而宣传工作离不开媒体，各种媒介能帮助公司更好地进行宣传，提高公司的知名度

No.91
提升服务质量应从哪些方面着手

> 随着生活水平的提高，消费者对商品服务质量的要求也越来越高，服务质量渐渐成为企业发展的因素之一。那么公司要从哪些方面着手提高服务质量呢？

提升服务质量要从公司的角度出发，从观念和行为上着手，具体内容如下。

（1）提高服务意识

服务意识是一种主观行为，是做好工作的一种主观意愿，俗话说"态度决定一切"，因此，提高服务质量要先从服务意识着手。

- 提高对服务质量重要性的认识：好的服务质量可以提高客户对公司的满意度，进而促进忠实客户的培养，为企业带来稳定的收益。

- 强化职工工作责任心：提高员工对本职工作重要性的认识，强化其责任心，职工的使命感就会油然而生，同时会有强烈的做好工作的意愿及足够的责任心来保质保量地完成任务。

- 转变观念，换位思考：让公司和员工站在客户的角度，设身处地地为客户着想，提前预测客户的需求，认真思考公司提供的服务能否满足他们的需求。

- 树立以顾客为中心的观念：顾客的购买过程是一个在消费过程中寻求尊重的过程。员工对企业经营活动的参与程度和积极性很大程度上影响顾客对企业的满意度。高素质的、充满活力和竞争力的员工队伍，比好的硬件设施更能提高顾客满意度，进而创造优异的业绩。企业应铭记，真诚地视顾客为朋友，给顾客以"可靠的关怀"和"贴心的帮助"，才能赢得顾客，让顾客真正体验到"上帝"的感觉。

（2）脚踏实地，注重细节

有句俗话叫"细节决定成败"，在公司的管理过程中也应该遵循这一规则，脚踏实地地做好细节，可以降低出错率，从而提高公司的产品服务质量。

● **提高业务知识水平**：业务知识水平是争取客户支持的关键，如果企业没有过硬的业务知识，那么再好的服务态度也不能使客户真正满意。

● **加强员工培训**：公司要加强对一线员工的培训和教育，树立企业的良好形象。一线员工做出的行为对服务影响非常大，他们是首先接触客户的人群，在客户心中留下的印象也将是非常深刻的。因此，公司要对员工的外表、提供服务时的态度、行为和语言的使用进行指导，要提高员工和客户的沟通技巧及应急情况的处理能力。

● **建立标准化的服务流程**：企业提供的每一项服务不应该是孤立的、随机的行为，它应是一个系统的、标准化的服务过程。服务系统一方面要有合理的工作流程，另一方面要用现代的技术来保障工作流程的实现。

● **质量跟踪**：建立质量跟踪机制，可以更好地掌控服务质量的好坏，比如首问责任制，是指首个接到服务对象需求的工作人员，对提供服务过程进行跟踪。因为接到服务需求的人不一定是这个工作的责任人，但他是此项服务的责任人，所以他要对这个服务对象负责，在他跟踪的过程中，要站在服务对象的角度，感受本公司的服务，审视公司服务细节中的不足，然后提出意见加以改进。

● **建立反馈机制**：评价服务质量的好坏取决于服务对象的满意度和领导的认可度，因此，与服务对象的沟通至关重要。员工与客户之间的沟通是提高服务质量的重要手段。建立反馈机制，使沟通渠道畅通，及时了解客户们的意见和需求，既可不断改进工作中存在的不足，提高服务质量，也可增强公司在客户心中的诚信度和凝聚力。

● 积极应对客户投诉：客户投诉是加强顾客品牌忠诚的一次契机，在顾客选择企业的时代，顾客对企业的态度极大程度地决定着企业的兴衰成败。所以认真处理客户对公司的投诉，解决客户的不满，稳固客户的情绪，让客户对公司重新建立起信心，是公司提高服务质量应该做的事情。

No.92
如何进行危机公关

危机公关是指机构或者企业为避免或减轻危机带来的严重损失，采取一定的措施和应对策略。为了公司着想，公司具体要怎么进行危机公关呢？

危机公关是指应对危机的有关机制，它具有意外性、聚焦性、破坏性和紧迫性的特点。危机公关包括危机的规避、控制、解决及解决后的复兴等不断学习和适应的动态过程。

（1）危机公关的流程

危机公关是机构或企业针对危机而采取有组织、有计划地学习、制定和实施一系列管理措施和应对策略，所以它有一定的处理程序。

● 危机准备阶段

根据危机影响程度，迅速建立危机管理小组，组成人员包括决策负责人、公关部经理、人事部经理和保卫部经理等。危机严重时，要有企业领导者主持；危机小组明确问题，透过各种方法挖掘危机爆发的缘由；

危机小组安排调查，了解事实，尽快做出初步报告；危机小组制定或审核危机处理方案及方针工作程序，尽快遏制危机的扩散；危机小组统一口径发布消息，确定新闻发布人，必要时还需聘请外部专业公关人员来协助处理危机公关事件。

● **危机处理阶段**

危机发生后，从组织内部的各层管理人员一直到监工，都应尽快得到组织危机应对事件的材料，并进行相应的学习；在处理过程中要就事论事，实事求是；妥善做好善后处理，安抚客户和消费者的情绪；开放现场或组织专门参观，运用参观活动来协助解决危机。

● **重塑企业组织形象阶段**

在危机公关过后，企业一般会采用低价促销的策略，即使有利润的损失，也要先确保销量；根据公司的自身情况，多做社会公益活动，如捐建希望小学及大灾难时捐款捐物等，树立良好的企业形象，初创公司就量力而行，没有必要一定得通过公益活动提升公司形象。

（2）化解危机的策略

有些公关危机无可避免而爆发时，公司的态度经常会直接影响结果。勇于承担责任，即使可能在经济上吃些亏，但反而可能把一场危机转化为有利于品牌推广的契机。

所以，当公司面临公关危机时应果断采取应对策略，以便有效地化解危机或把危机带来的负面效应控制到最低。下面我们就来具体了解一些公关危机的化解策略。

● **把危机公关上升到战略高度：** 所谓"千里之堤，溃于蚁穴"，当发生公关危机时，不管事件大小，全都要高度重视，站在战略的角度谨慎对待，具体处理方式要有整体性、系统性、全面性和连续性，这样才能把危机事件迅速解决，从而把危害控制到最低。危机发生后活动主办方与运营方要由上至下全员参与其中，最高领导尤其要高度重视，只有所有决策都由最高领导亲自颁布或带头执行，才可以确保执行的有效性。

● **发现问题的本质和根源：** 当发生危机时应先客观全面地了解整个事件，然后冷静观察问题的核心，找到问题的关键与根源，研读相关法规，把问题完全参透，也可聘请专业公关公司把脉支招，切不可急躁，哪儿有火就往哪儿拍一下。

● **比救火的速度更快：** 发生公关危机时反应速度要比救火的速度更快，速度是危机公关中的第一原则，否则容易错过最佳处理时机，结果就会导致事件不断扩大与蔓延。

● **所有问题一肩挑起：** 危机事件发生后的第一时间应该把所有质疑的声音与责任都承接下来，不可以含糊其词，不可以态度踌躇，不可以速度迟缓；然后拿出最负责任的态度与事实行动迅速对事件做出处理。其实很多危机事件发生后，媒体与受众甚至是受害者并不十分关心事件本身，更在意责任人的态度，所以冷漠、傲慢及推诿等态度会增加公众的愤怒，把事件本身的不良影响严重放大。

● **让别人为自己说话：** 发生危机时，若公司自身没有问题，对媒体及公众的质问不做过多的言辞，而后马上请第三方权威部门介入，让权威部门为自己说话，有了证据之后再主动联系媒体，让媒体为自己说话，必要时再让消费者为自己说话，但尽量自己不要在事件还未明朗、大众还存在误解的时候反驳。若自己确实有责任与过失，那就更不要自己出来说过多的话，只说一句"对不起，我们将承担全部责任"后用事实来证明。

● **转移视线：** 企业处理公关危机后，要尽快把公众视线吸引开，否则纠缠下去对企业会十分不利。比如，推出新产品或新发明，公布企业捐助公益事业等相关新闻，将公关危机转化成商机。

No.93
哪些信息可以向媒体披露

公司在经营过程中，免不了会和媒体打交道，稍有不慎，媒体将会成为损毁公司形象的刽子手。为了从源头防止这样的事情发生，公司要明确哪些信息是可以向媒体披露的。

公司向媒体披露信息的原则是：公司需要传播的信息才说，其他的一律不说。如果你确实摸不准底线，那么可以想象你说的每一句话登在报纸上，观众看到以后会是什么反应，很快你就会发现哪些话该说，哪些话不该说。

下面以媒体对公司进行深度采访为例，对公司如何回答问题及回答问题的思路进行详细的讲解。

- 公司的背景：只说和公司现在的创业项目有关的，不用说自己是富二代或官二代，可以说自己当初如何创业，着重强调自己的团队，同时感谢员工。

- 合伙人的背景：这个问题公司尽量少说，即便是好话也要少说，太细的问题可以推荐记者直接采访公司的合伙人。因为记者不是投资人，公司没有必要跟媒体自曝家底儿。

- 最初的灵感：谈谈自己的亲身经历，或者公司的发展过程。

- 创业的原因：公司可以真实地说明自己的创业原因，但在说明之前还是要考虑这些原因的积极性，若创业原因存在消极性或不正常的想法（如打垮××公司等），还是要聪明地避而不谈。

- 关于产品：最好能做直白的、外行也能听懂的一句话描述，不管是产品形态还是产品服务。可以透露已经在市场上销售的产品性能、功效及其研发销售的目的。

- 关于公司结构：公司可以向媒体说明自己公司的总人数和领导

层级（如董事长、总经理或总监）等，但公司设立了哪些具体的职能部门不要对媒体说，因为这涉及公司的运营效率问题。

- **融资情况或计划**：这种问题视情况而定，可以不说，但也不要夸大，钱没有到手时一定不要说已经拿到融资了。

- **关于竞品**：重点阐述自家提供的差异化价值，不要贬低竞争对手。

- **商业模式**：简单称述即可，不能像与投资人谈话时一样吹嘘。

- **创业中的收获**：向大众说明公司的创业收获，趁此机会感谢客户、团队和投资人。

- **与客户的故事**：公司利用与客户之间发生的事情，加以润色，向媒体公布，可以给受众一种公司亲近客户的直观感受。

第10章
创业风险的防范与
必知的法律法规

创业过程中，风险是一直存在的，而我们常常关注的是公司的破产风险。其实，公司除了有破产风险外，还有很多其他风险，比如，劳动合同风险、融资风险及法律风险等。为了给公司的发展创造良好的环境，公司应该了解创业风险和相关的法律法规。

No.94
创业主要面临哪些方面的风险

> 由于创业环境的不确定性、创业机会与创业企业的复杂性，以及创业者、创业团队与创业投资者的能力和实力的有限性，导致创业活动偏离预期目标，这就是创业风险。那么创业具体会面临哪些风险呢？

创业往往是将某一构想或技术转化为具体的产品或服务的过程，在这一过程中，存在着几个基本的、相互联系的缺口，它们的主要来源是创业环境的不确定性、复杂性和有限性。也就是说，创业风险在给定的宏观条件下，往往直接来源于这些缺口。

（1）创业环境缺口

创业环境的缺口直接决定创业面临的风险，了解这些缺口就能事先预测公司可能存在的经营风险。那么，创业过程中会遇到哪些环境缺口呢，具体如表 10-1 所示。

表 10-1　创业环境缺口介绍

缺口形式	具体阐述
融资缺口	创业者可以证明其构想的可行性，但往往没有足够的资金将其实现商品化，从而给创业行为带来一定风险。通常，只有极少数人或金融机构愿意鼓励创业者跨越这个缺口，如富有的个人专门进行早期项目的风险投资及政府资助计划等
研究缺口	主要存在于仅凭个人兴趣所做的研究判断和基于市场潜力的商业判断之间。当一个创业者最初证明一个特定的科学或技术突破可能成为商业产品基础时，他仅仅停留在自己的认可程度。在能从市场竞争中生存下来的过程中，需要大量复杂的、耗资巨大的研究工作（有时需要几年时间），从而形成创业风险

缺口形式	具体阐述
信息和信任缺口	信息和信任缺口存在于技术专家和管理者（投资者）之间。这两种人接受不同的教育，对创业有不同的预期、信息来源和表达方式。技术专家知道哪些内容在科学上是有趣的、哪些内容在技术层上是可行的及哪些内容根本是无法实现的；管理者（投资者）通常比较了解将新产品引进市场的程序，但当涉及具体项目的技术部分时，他们不得不相信技术专家。若技术专家和管理者（投资者）不能充分信任对方，或者不能进行有效交流，那么这一缺口将会变得更深，带来更大的风险
研究缺口	资源与创业者之间的关系就如颜料、画笔与艺术家的关系。没有所需的资源，创业者将一筹莫展，创业也就无从谈起。大多数情况下，创业者不一定也不可能拥有所需的全部资源，这就形成了资源缺口。若创业者没有能力弥补相应的资源缺口，要么创业无法起步，要么在创业中受制于人
管理缺口	创业者并不一定是出色的企业家，不一定具备出色的管理才能。进行创业活动时，创业者可能是技术方面的专业人才，但却不一定具备专业的管理才能，从而形成管理缺口；另外，创业者有某种"奇思妙想"，可能是新的商业点子，但在战略规划上不具备出色的才能或不擅长管理具体事务，从而形成管理缺口

（2）创业要面临的风险

由于上述缺口的存在，创业面临风险是必然的，那么到底创业面临什么样的风险呢？具体如表 10-2 所示。

表 10-2　创业中面临的风险形式

风险形式	具体阐述
机会风险	创业者选择创业也就放弃了原先从事的职业，一个人只能做一件事，选择创业就没有其他的选择，这就是机会成本风险
技术风险	在企业产品创新的过程中，因技术因素导致创业失败的可能性
资金风险	因资金不能适时供应而导致创业失败的可能性。这其中包括了融资风险，也就是公司贷款时存在的风险，主要有融资拿不到钱和无法偿还贷款这两种情况

续表

风险形式	具体阐述
管理风险	由管理者的素质、决策风险和组织风险所决定，管理者如果没有足够的能力管理公司事务，在做决策时出现严重的错误，就会影响公司的经营状况，甚至直接让公司面临破产的境地，这就是创业的管理风险
劳动合同风险	公司在与员工签订劳动合同时，劳动合同的条款不完善，存在法律漏洞，很可能让公司承担违约责任，甚至承担相应的法律责任
陷入诈骗和陷阱的风险	正所谓"明枪易躲，暗箭难防"，搞不好就有一些诈骗分子看准了公司是个初创企业，认为公司好骗，所以设下陷阱让公司往里钻，敌在暗我在明，公司因此就会面临陷入诈骗或陷阱的风险
市场风险	是指市场主体从事经济活动所面临的盈利或亏损的可能性和不确定性。也就是说，创业者或者公司从成立公司开始直到公司不再经营为止，这过程中都会面临经营亏损甚至企业破产的可能性，这也就是市场带给创业的风险
环境风险	是指一项高技术产品创新活动存在因为社会环境、政策、法律环境变化或意外灾害发生而造成创业失败的可能性，毕竟没有人能够未卜先知，提前获取环境信息
项目选择风险	很多人创业时缺乏前期市场调研，只是凭自己的兴趣和想象来决定投资方向，甚至仅凭一时的心血来潮做决定，最后都以创业失败告终。项目没有选好，产品就容易没有市场，不被消费者需求，没有需求就没有供给，企业就没有销售业绩，更别说能盈利
竞争风险	如果创业者选择的行业是一个竞争非常激烈的领域，那么在创业之初极有可能受到同行的强烈排挤。一些大企业为了把小企业吞并或挤垮，常会采用低价销售的手段。对于大企业来说，由于规模效益或实力雄厚，短时间的降价并不会对它造成致命的伤害，而对初创企业则可能意味着彻底毁灭的危险
核心竞争力缺乏的风险	对于具有长远发展目标的创业者来说，他们的目标是不断地发展壮大企业。因此，企业是否具有自己的核心竞争力就是最主要的风险。核心竞争力在创业之初可能不是最重要的问题，但要谋求长远的发展，就是最不可忽视的问题，没有核心竞争力的企业终究会被淘汰出局
人力资源流失风险	一些研发、生产或经营性企业需要面向市场，大量的高素质专业人才或业务队伍是这类企业成长的重要基础。专业人才及业务骨干流失会让企业的生产、研发工作断链，给企业带来亏损或经营不下去的可能

No.95
新公司如何规避劳动合同风险

> 劳动合同风险贯穿整个劳动合同的签订过程，包括合同签订与续签风险、合同变更风险、合同约定内容风险及合同解除与终止风险。面对这些风险，新公司要怎样才能规避它们呢？

关于劳动合同风险，其涉及的范围比较广，从签订试用期劳动合同开始，公司就会进入一些误区，就会面临一些风险。所以创业者要懂得如何规避这些风险，才能保证公司不卷入法律纠纷。

（1）劳动合同签订与续签的风险防范

劳动合同的签订包括试用期劳动合同的签订和正式劳动合同的签订，很多劳动风险都是围绕这两种合同产生的，具体的防范措施如下。

● 试用期内解除劳动合同要慎重

试用期是试用员工的期限，只要企业觉得不满意，企业就可以解除与员工的劳动合同，这是目前很多企业的想法，但这有可能会导致企业违法解除劳动合同。

我国《劳动合同法》第 39 条规定："劳动者在试用期间被证明不符合录用条件的，用人单位可以解除劳动合同。"根据该条规定，在试用期内如果企业要与员工解除劳动合同，必须要提供员工不符合录用条件的证据，否则即构成违法解除，员工有权要求继续履行合同或者要求支付赔偿金。

● 试用期要与正式劳动合同期限相对应

试用期要根据劳动合同的期限进行约定，对于期限较短的劳动合同不能约定较长的试用期，否则要向员工支付赔偿金。

● 一定要与劳动者签订劳动合同

在实际工作中，公司和劳动者为了双方的利息，有时会协商不签订劳动合同。公司此时要明白，这是违法行为，即使劳动者同意或主动要求不签订劳动合同，它也是一种违法行为。

公司与劳动者签订劳动合同是强制行为，不能忽略。而且，还有一些劳动者，到后来后悔自己当初没有签订劳动合同，然后对公司提起诉讼，很多企业因此败诉，承担双倍公司赔偿，所以公司一定要与劳动者签订合同。

● 适时签订无固定期限劳动合同

一般来说，企业和员工连续签订了两次固定期限劳动合同后，第三次签订劳动合同时应签订无固定期限劳动合同，只有当员工自己要求第三次依旧签订固定期限合同时才可以签订固定期限劳动合同。

● 非全日制用工劳动合同签订的注意事项

协议中最好不要写"月薪"这样的字样，要把具体的支付方案写清楚。比如，按周薪支付、每周薪资为××元、每两周支付一次；约定的工资不能低于当地最低小时工资标准，约定支付周期最长不超过 15 日。

● 不与在校大学生签订劳动合同

根据相关法律规定，在校大学生不能与公司签订劳动合同，即使签订了也没有法律效力，只能与在校大学生签订实习协议或三方协议（企业、学校和学生）。

● 不能扣押劳动者的身份证或要求提供押金担保

一些外来务工人员比较多的企业，有时会扣押员工的身份证或要求员工交纳一定的财物作抵押，这种做法是违法的。根据《劳动合同法》第 9 条规定，用人单位招用劳动者，不得扣押劳动者的居民身份证和其他证件，不得要求劳动者提供担保或者以其他名义向劳动者收取财物。

若用人单位违反上述规定，除了要退还员工身份证和财物外，还要赔偿员工的损失。

但是在司法实践中，如果劳动者占有企业价值较高的财物，企业为防止财物灭失或被毁坏，与劳动者约定设置了相应的合理担保，也是允许的。

（2）劳动合同变更的风险防范

在劳动进行过程中，难免会遇到劳动合同变更和续签的问题，这些环节也会产生一些风险，企业也要及时做好防范措施。

- **在合同有效期内变更**：企业因为某些需要，要变更与员工的劳动合同，这一做法是合法的，但必须在合同有效期内进行变更。

- **变更内容应是部分条款**：变更劳动合同时只是劳动合同中的部分条款变更，并不是整个劳动合同都能变更。

- **不变更法律不允许变更的条款**：法律不允许变更的条款不能变更，否则也属于违法行为。

- **不变更员工不同意变更的条款**：公司提出某一条款的变更想法时，若员工不同意，企业是不能擅自变更该条款的。

（3）劳动合同条款约定内容的风险防范

劳动合同中具体的条款内容也会造成一定程度的劳动合同风险，具体情况如下。

- **严格执行劳动合同中约定的条款**：公司若不按照劳动合同约定的条款办事，员工就会提出仲裁，而一般劳动者的仲裁都会得到支持。

- **实行合理的工时**：《劳动法》规定，劳动者每日工作时间不超过8个小时，平均每周工作时间不超过44个小时。其中，服务业在签订合同时，工作时间可以签不定时工时工作制或综合计算工时工作制，但都需要经过申请和劳动部门批准、备案，否则无效。如果是不定时工作制，则不需要支付加班费用，但必须符合关于每月最长工作时间的限制；若是综合计算工时工作制，则根据周、月等核定工时，超出标准部分发放加班费。

（4）劳动合同解除和终止的风险防范

公司在与员工解除劳动合同时，如果不注意一些细节，也会面临一些风险，具体防范风险的措施如下。

- 收集证据辞退不能胜任的员工：公司对不胜任岗位的职工，可以采取培训、调岗乃至劳动合同解除的相关措施，但无论如何，关键点在与证据的收集。对于不能胜任工作的，公司要能充分证明其不能胜任。

- 按合同条款支付工资或赔偿金：若是公司方面的原因解除劳动合同的，公司要按照合同的约定内容对员工进行工资的发放或赔偿金的支付。

- 明确劳动合同终止和解除的区别：终止是合同到期、劳动者到法定退休年限或其他法定终止条件出现，一般是指自然而然结束，合同到期，不再续签；解除是指在劳动合同期内双方或单位提出解除合同。公司要明确两者的区别，否则弄混了会给公司带来不一样的经济损失。劳动合同终止时，公司没有承担赔偿金的风险，而解除劳动合同时公司面临支付赔偿金的风险。

No.96
创业期常见的诈骗和陷阱有哪些

创业期，因为创业者缺乏经营经验，所以很容易遭遇诈骗或掉入陷阱。为了避免这样的事情发生，创业期的创业者要明确常见的诈骗手段和陷阱有哪些。

实际上，很多创业者在创业初期都遇到过诈骗和陷阱这样的囧事儿。所以，创业者一定要了解创业期常常出现什么样的诈骗和陷阱，防患于未然。

（1）网络诈骗

一些不法分子利用高科技手段移花接木，借用正规企业的名号行骗。其实网络只是交易的一种媒介，通过网络获得商业信息后，必须进行网下的考察。特别是业务量大的单子，高利润的项目往往风险也相对较高，创业者更要小心谨慎，亲自走访是非常必要的，不要只是坐在家中敲敲键盘。有条件的话，可请投资、法律方面的专家把关。

此外，目前网络传销活动日益猖獗，创业者在网上"冲浪"时要当心落入传销陷阱。

王先生是在生意场上滚打了30年的"老供销"，最近在某著名电子商务网站上开了个账户，开始网上创业。一次，王先生在网上看到一则信息，某位有着"高资信度"标志的客商低价批量提供优质黄沙。

王先生并未急于下手，而是通过工商部门了解供货商的情况，在确认供货商的"身份"后，王先生便从下家那里预收了30%的货款，按照网上提供的账号汇了过去，可黄沙却始终不见踪影。下家反复催他交货，情急之下他只好亲自前去催货。

可王先生经过调查才发现，与上家同名的企业确实存在，但只做钢铁贸易，不搞建材，而且从未涉足电子商务领域，至于网上的上家企业，是行骗者盗用了该公司的营业执照复印件后虚构的。最后，王先生赔偿下家客户几十万元。

（2）融资诈骗

很多创业者认为，融资就是别人给钱，不会遇到骗子。其实不然，伎俩高明的诈骗者会利用某些创业者急需钱的心态，让创业者觉得遇上了"贵人"。他们会夸口自己公司规模和专业程度以取得创业者的信任，然后对融资项目大加赞赏，最后借考察项目名义骗取考察费和公关费等，收费后就销声匿迹。

因此，创业者应该找正规的投资公司，并且，除了要对投资公司的背景进行全面调查，还要保持警惕心态，特别是对各种付款要求，多问几个为什么，必要时可运用法律合同来保障自己的利益。

余先生 2015 年投资开办了一家小企业，如今企业发展势头相当不错，但资金有限，想通过融资扩大业务。他先后找了多家风险投资公司和投资中介公司，有些投资商看该企业规模较小而一口回绝，有些收下了项目资料，但始终没有回音。

当余先生快失去信心时，终于有一家投资公司表示感兴趣。这家公司自称是大型国有企业下属的风险投资公司，公司人员由项目专员、助理、副总和总监等组成，对余先生的项目询问得很详细，评价很好。投资部总监还表示"先做朋友，再做项目"。

余先生非常感动，因此在投资公司提出要考查项目的真实性并按惯例由项目方先预付考察费时，他毫无防备之心。钱寄出去后不久，那家投资公司的电话及投资总监的手机号码全成了空号。

（3）连当诈骗陷阱

行骗对象以从事代理、中介和咨询等业务的创业者为主。天上不会掉馅饼，如果遇到上下家接踵而来的"好事"，那就要千万小心。

对付这种骗术，首先要保持良好的心态，然后冷静地考察上下家，一是要了解供货厂家的实力、供货能力和产品质量等，要提出一些细小的专业问题，考察其是否对答如流；二是如果下家是下几十万元的大单子且毫不犹豫的"爽快人"，此时公司更要小心谨慎。

李先生开了一家专门从事代理业务的公司，原以为金钱交易全在上下家，他只在事成后收取代理费，风险不大。一天，李先生接到自称是

××振兴实业总公司业务经理打来的"合作"电话，委托他为该公司"拳头产品"——高分子净化膜华南地区总代理，随后便寄来了详细资料（包括产品介绍说明书、可供产品目录、组织机构代码证复印件及高分子净化膜的销售补充说明书等）。

李先生看其手续齐全，便在专业网站上发布了相关信息，几天后便有了"回音"，某养殖户来电说急需 4 000 米高分子净化膜，金额共计 27 万元。李先生估算这笔交易自己可赚取几万元的代理费，于是马上与上家联系。上家爽快地答应，但需立即支付货款。

李先生通知下家后，对方立即派人送来了上万元的定金，表示实在太忙，需要李先生帮忙先提货，事后加付提货费。李先生不想放弃到手的"肥肉"，便帮忙提货，还垫付了货款，可第二天事情全都变了，下家表示暂时不需要这批货了，而上家的"负责人"怎么也联系不上。

No.97
创业贷款中的风险如何防范

> 创业贷款也就是人们常说的融资，在融资过程中常常存在不可忽视的风险，比如，陷入融资骗局拿不到融资资金，或者损失所谓的"考察费"等。为了公司的利益，创业者要懂得防范贷款风险。

创业者在融资贷款时，可能会面临融不到资或损失自己的资金等风险，这些风险可能引起公司收益的变动，甚至发展成为经营风险和财务风险。所以公司要掌握进行创业贷款的风险防范。

● 认真学习相关法律法规知识

公司负责贷款的人员必须认真学习《贷款通则》、《民法通则》、《公司法》、《合同法》、《担保法》及自治区金融管理办法等有关法律法规及公司信贷管理制度，熟悉和掌握其内容，从思想上增强法律意识，使贷款人员充分意识到只有遵守法律法规及公司信贷管理制度，才能提高贷款的放款质量，才能有效地防范风险贷款的产生，只有运用法律武器依法办事才能保障贷款的安全。

● 适时调整资金方向

市场中的经济活动在不断变化，这也导致了贷款用途会随着市场的变化而改变，所以创业者要及时根据市场情况调整资金方向。动态的贷款用途变化是对银行贷后资金跟踪的一大考验，考虑按需要分次发放贷款，不失为一种适时调整贷款流向的应对策略。

● 选择对担保人审查力度强的机构贷款

保证人的担保能力是防范信贷风险的第二道屏障。因此，创业者应选择对担保人能力审查力度强的银行或金融机构进行贷款。

银行和金融机构在审查保证贷款时，务必要对保证人的真实担保意愿及担保能力进行甄别，通过多种途径了解保证人的真实想法，以走访的严谨工作态度，实地考察保证人的资产负债比、家庭是否和睦及资信综合评价情况，为进一步审查担保资格提供第一手资料。

● 提高创业者的贷款能力

目前创业者缺少项目运作经验是不争的事实，很多创业者都是赶鸭子上架，一边经营一边摸索，自身的能力还不能轻松地管理一个公司，就着急贷款开公司经营，导致信誉不够融不到资或者融资过后还不起贷款而破产。

所以，创业者要从根本上解决问题，提高自身的能力，相应职能部门应对可行性强和投资收益率高的优质创业项目进行评估，并对贷款所要承受的风险进行防范，不能超过公司的能力贷款。

● 合理安排贷款期限组合方式

长期贷款的成本较大，但弹性小、风险小，而短期借款则与之相反。

因此，企业在安排长、短期筹贷款方式的比例时，必须在风险与收益之间进行权衡。一般来说，企业对贷款期限结构的安排主要有两种方式，中庸贷款法和保守贷款法，如图 10-1 所示。

中庸贷款法

这是常用的贷款方法，是指企业根据资产的变现日期，安排相应的贷款期限，使贷款的偿付日期与资产的变现日期相匹配。在采用中庸贷款方法的情况下，企业流动资产的短期性变动部分与季节性变动部分用短期负债贷款，长期性流动资产与固定资产则通过长期负债和股东权益等长期性贷款予以解决。采用此种筹资政策，可使企业降低其无法偿还即将到期负债的风险。

保守贷款法

用保守筹资法，企业不仅以长期资金来满足永久性流动资产和固定资产，而且还能满足由于季节性或循环性波动产生的部分或全部暂时性资产的资金需求。企业在淡季时，可将闲置资金投到短期有价证券上，通过这种方式，企业不仅可以赚若干报酬，还可将其部分变现储存起来以备旺季时使用。但在旺季时，资金需求增加，这时除了出售企业所储存的有价证券外，仍然还要使用少量的短期信用才能有足够的资金，以满足其临时性资金的需求。

图 10-1　中庸贷款法和保守贷款法

● 科学预测利率及汇率变动

利率变动主要是由货币的供求关系变动、物价上涨率及政策干预引起的。利率的变动给企业的贷款带来很大的风险，所以，创业者要根据利率走势，认真研究资金市场的供求情况，做出相应的贷款安排。

金融市场上影响汇率变动的基本因素主要是货币所代表的价值量的变化和货币供求状况的变化。因此从预测汇率变动趋势着手，制定外汇风险管理战略，规避贷款过程中汇率变动带来的风险。具体情况如表 10-3 所示。

表 10-3　预防贷款风险的利率和汇率策略

策略方式	具体情况
利率策略	在利率处于高水平时，尽量少贷款或只贷急需的短期资金；在利率处于由高向低过渡时期也尽量少贷款，不得不融资时，应采用浮动利率的计量方式。在利率处于低水平时贷款较为有利，利率由低向高过渡时期应积极进行长期贷款，并尽量采用固定利率的计息方式。另外，应积极使用利率互换、远期利率合约、利率期货和利率期权等金融工具贷款
汇率策略	（1）债务分散，即借款和还款时间不要过于集中，防止汇率短时间内的突然变化造成债务增加，另外，债务的币种结构要合理，尽可能分散为几种货币；（2）实行"配对管理"，尽可能使借款货币、用款货币与还款货币相一致。（3）注意货币币种与汇率的搭配选择，争取借"硬"货币，还"软"货币。（4）在合同中加例保值条款。五，运用金融工具如货币互换，远期外汇合约和货币期货交易来规避汇率变动带来的风险

● 风险转移

企业的贷款总和可能会超过企业的财务负担，在这种情况下，通常的做法就是转移风险。公司可以通过保险分散风险，稳定企业的资金结构，避免过多的债务输入和过高的资金支出，缓解企业资金紧张和风险恶化的局势。保险在防范企业贷款风险中起着越来越大的作用。

风险与机遇并存，在激烈的竞争条件下，企业还是要从自身方面着手，加强经营管理，提高自己的竞争能力和盈利能力，这样可以有效从根本上降低创业贷款风险。

No.98
创业融资会涉及怎样的法律问题

创业融资过程中，往往涉及很多法律问题，创业者如果对这些法律问题不熟悉，很可能误入法律禁止范围，陷入被迫犯法的窘境。所以，创业者在融资之前要弄清楚融资会涉及的法律问题。

融资过程中涉及的法律问题，一般有人物权限、融资资格、报告等的撰写、交割、回购权及权益分配等方面。

● 融资人的法律主体地位要能融资

根据法律规定，有些人不能代表公司进行融资活动，比如公司的承包人。公司的承包人只有承包经营的权利，无权处理公司投融资之类的重大事项。另外，若公司是国有企业，其融资需要公司或公司股东决定，也就是由当地的国有资产管理部门决定。

● 投资人的法律主体地位

根据法律规定，投资公司的代表处不得进行与经营有关的商业活动，所以代表处无权与融资人签订任何关于投融资方面的合同。另外，我国法律规定，某些矿产资源的开发是禁止外商投资的。

● 投融资项目要符合中央政府和地方政府的产业政策

在中国现有政策环境下，许多投资领域是不允许外资企业甚至民营企业涉足的。所以公司在进行融资之前，一定要参考比对融资项目是否符合相关政策。

● 可行性研究报告、商业计划书和投资建议书的撰写

这3个文件的名称不同，内容大同小异，包括融资项目各方面的情况介绍。这些文件的撰写要求真实、准确，这是投资人判断决定是否投资的基本依据之一。

同时，文件的撰写需要法律上的依据，例如，关于项目的环境保护要求必须实事求是地申明，否则如果项目环保措施没有达到国家或地方法律法规的要求，被环境保护部门下令禁止继续运营，其损失无法估量。

● 交割

交割业务就是指尽职调查当中发现瑕疵时要按协议纠正。比如按协

议条件，要求创业者完成 20 件事，完成了，投资方就给融资人资金。

比如，你的公司是一家快速增长的企业，要做一个海外架构，没有 3 个月的时间不可能完成。那么在这 3 个月时间，企业估值可能会涨很多，业务会增长，如果你花太多精力在这里，可能就会错失一些机会。创始人还是要集中精力在自己的业务上面。

交割的后续业务，创始人要完成 20 项，可能需要 6 个月到一年时间，怎么办？公司可以先完成 10 项，剩余 10 项在一定时间内完成。这样做可以让钱尽快进入公司发展业务，还可以争取更多的时间去办理该办的事。

● 回购权

投资资金的寿命是有限的，公司能在期限范围内上市当然是皆大欢喜，若上不了市，有可能要求回购。回购通常也是 1～1.5 倍这个区间，再加上已宣布但未分配的股权。

这里创业者要注意的是，回购义务仅限于公司，与创始人个人资产无关。如果企业做得好，即使因种种原因没上市，一个正常的投资人也不会要求回购，因为回购价格不高。

● 创始人的股份受益书和员工期权

这两项也非常关键。比如，一家刚创业半年的公司，投资人说给创业者 500 万美元，创始人占 20%，合伙人占 80%，但这 80% 给合伙人的条件是，其要任期 4 年。如果合伙人在期间不干了，就拿不到这些股份，而创始人可以以极便宜的价格买这 80% 的股份。另外，创业公司通常现金不够，所以创始人只能画一个很大的饼来承诺员工，而这个饼就是期权，通常 10%～15% 是市场的一个标准比例。

● 股权安排

股权安排是投资人和融资人就项目达成一致后，双方在即将成立的企业中的权利分配博弈。由于法律没有十分有力的救济措施，现在公司治理中普遍存在大股东控制公司，侵害公司和小股东的利益情况。对股权进行周到详细的安排是融资人和投资人需要慎重考虑的事项。

No.99
开公司应掌握哪些基本法律知识

公司的成立需要进行很多法律程序，因此或多或少要涉及一些法律知识。为了避免公司卷入法律事件，创业者和公司的相关人员要掌握一些基本的法律知识。

创业者和公司的法务要熟知我国现行的法律法规，对《民法》、《公司法》、《合同法》、《劳动合同法》、《劳动争议调解仲裁法》、《商法》、《经济法》、《税法》和《劳动和社会保障法》等相关法律更要熟练掌握。

（1）注册公司时的法律知识

开公司的不同时间段有不同的法律规定，而创业者首先要了解并掌握的就是注册公司时涉及的基本法律知识。具体如表 10-4 所示。

表 10-4　注册公司涉及的法律知识

项目	具体法律概述
注册公司涉及的部门	注册公司基本涉及 5 个部门，工商行政管理机关、银行、会计事务所、质量技术监督部门及税务机关
注册公司通用流程	查名（工商行政管理机关）→开户注资（银行）→验资（会计事务所）→申请营业执照（工商行政管理机关）→申请组织机构代码证（质量技术监督部门）→申请税务登记证（税务机关）
注册公司各环节法定所需时限	查名，正常情况下 5 个工作日内告知结果；开户注资的银行程序根据各银行的规定，一般在 3 个工作日内；验资，正常情况下为 7 个工作日内；营业执照法定时限为 15 个工作日内审批，审批通过后 10 个工作日内核发证件；组织机构代码证法定时限为 30 个工作日内办结；税务登记证法定时限为 30 个工作日内办结

续表

项目	具体法律概述
注册法定费用	注册登记费为 0.8‰，1 000 万元以上的公司费用另计；验资报告费用为 1 000 元（注册资金 50 万元以下）；代码证费用为工本费 58 元和技术服务费 90 元，合计 148 元；税务登记证费用为 20 元；注册地址费用按实际租金计算（租赁日期不得少于一年，地址必须为商业用房）；会计人员聘请费用按实际工资计算
公司股东	新《中华人民共和国公司法》规定，公司注册时必须有一位股东（投资者），一位股东投资成立的公司属于一人有限公司，也可以是两位及以上的股东投资注册公司。公司注册时，需提交并验资股东的身份证明原件
监事	按公司章程规定，公司成立时，可以设监事会（需多名监事），也可不设监事会，但一定要设一名监事。一人有限公司的股东不能担任监事；两人及以上的股东，其中一名股东可以担任监事。公司注册时，需提交监事的身份证明原件
注册资本	注册公司时必须要有注册资本。新《公司法》规定，公司注册资本最低为 3 万元人民币，一人有限公司最低注册资本为 10 万元人民币。股东将注册资本打入公司验资账户，由专业的会计师事务所来验资，并出具《验资报告》
经营范围	注册公司时，经营范围必须要明确，以后的业务范围不能超出公司经营范围，可将要做的或以后可能会做的业务写进经营范围
注册地址	公司注册地址必须是商用的办公地址，需提供租赁协议和房产证复印件
公司章程	公司成立时，需向工商管理部门提交公司章程，章程里确定公司的名称、经营范围、股东及其出资比例、注册资本、股东、董事和监事的权利与义务等内容
财务人员	公司进行税务登记时，需提交一名财务人员信息，包括身份证明复印件、会计上岗证复印件及照片
公司法人代表	公司需设一名法人代表，法人代表可以是股东之一，也可以聘请法人代表。公司法定代表人需提供身份证明原件及照片

（2）管理公司时的法律知识

公司的管理是最复杂的事务，所以涉及的法律知识也是很杂乱的，具体情况如下。

- 公司一定要与劳动者签订劳动合同，不论劳动者是否主动要求不签劳动合同。

- 财务管理工作必须在宏观控制和微观搞活的基础上加强，严格执行财经纪律，以提高经济效益，壮大企业经济实力为宗旨，贯彻"勤俭办企业"的方针，精打细算，在企业经营中制止铺张浪费和一切不必要的开支，降低消耗，增加积累。

- 出纳员不得兼管会计档案的保管和债权债务账目的登记工作。

- 财务人员在办理会计事务中，必须坚持原则，照章办事。对于违反财经纪律和财务制度的事项，必须拒绝付款、拒绝报销或拒绝执行，并及时向总经理报告。

- 银行账户必须遵守银行的规定开设和使用。银行账户只供本单位经营业务收支结算使用，严禁将账户借给外单位或个人使用，严禁为外单位或个人代收代支及转账套现等。

- 银行账户印鉴的使用实行分管并用制，即财务章由出纳保管，法人代表和会计私章由会计保管，不准由一人统一保管使用。印鉴保管人临时出差则由其委托人代管。

- 增资与减资在公司中是特别决议事项，股东会或股东大会 2/3 以上表决通过才行。公司增加注册资本实行股东自治，而对减少注册资本则实行严格的限制。减资必须经股东（大）会特别决议，并修改公司章程，减资后的注册资本不得低于法定最低限额；必须编制资产负债表和财产清单；公司应当自做出减资决议之日起 10 日内通知债权人，并于 30 日内在报纸上公告；债权人自接到通知书之日起 30 日内（未接到通知书的，自公告之日起 45 日内），有权要求公司清偿债务或提供相应的担保；办理减资登记手续，自登记之日起减资生效。

- 公司的合并、分立、解散及清算等事项，都需要按照一定的法律程序办理。

No.100
出现法律问题后该怎样应对

人不可能使所有事情都防患于未然，很多时候，公司避免不了遭遇法律问题，这时我们要做的就是掌握应对法律问题的措施和方法。具体的应对措施根据具体情况分析。

公司在签订相关的合同、设立、解散、权益分配、改制、兼并、融资、知识产权保护及税收等方面都可能遇到法律问题，为了保证公司能正常运营，创业者和相关人员要懂得如何应对这些法律问题。

● 完善合同条款，做出相应补偿

因合同主体存在问题而产生的纠纷、合同条款不完善而导致的纠纷及合同履行过程中产生的纠纷等，都可能涉及法律问题。此时应该及时完善合同条款，并对利益受损方做出合理的补偿。

● 整理出资人的出资情况，做好清算工作

当发起人出资不足或抽逃注册资本金、发起人违反出资义务及出资权利瑕疵、设置虚拟股东及隐名出资人等引发纠纷时，公司要及时整理出资人的实际出资情况，提供相应的法律文件加以说明。

在公司进行清算时，若出现利益分配纠纷，公司要依据相关的合同规定进行核对，对分配错误的利益要更正，同时跟当事人表达歉意。

● 公司的改制、兼并和投融资等要经过股东的同意

新的创业公司其股东一般都很少，常见的就是一个、2个或3个。很多创业者认为自己就可以决定公司的改制、兼并或投融资问题，于是在股东得知这些消息后就容易产生纠纷。此时创始人就要与股东做协商，说明自己这么做的原因，尽最大可能获得股东的谅解和认可。

● 及时维护知识产权

有些创业者在自己的公司创立不久就看到与自己公司的技术或商标等一样的企业。此时公司就应该警惕，很可能产生知识产权的法律纠纷，所以创业者要及时维护自身的知识产权，在创业初期没有注册商标或认证专利的一定要马上注册和认证。

● 法院判决、裁定有错误时的处理办法

当其他各级法院发现本院已经发生法律效力的判决存在错误时，且认为需要再次审理的，应当将此提交给审判委员会讨论来做定夺。民事诉讼法中允许法院对本院做出的判决或裁定出现错误的进行纠正，所以各级法院可中止原来判决的执行，然后重新组成新的合议庭进行再审。

最高人民法院发现地方各级法院的判决或裁定有错误时，有权利提审或指定下级人民法院对此案进行再审，下级人民法院重新审理后要将新的审判结果上报给最高人民法院。

上级人民法院发现下级人民法院的判决或裁定有错误时，可以提审或指定下级人民法院再审，并且可以对下级人民法院的审判进行监督，使其能够对错误进行纠正。

● 端正态度，补齐未交的税额

有些企业被查出来存在偷税漏税的事情，此时法律问题应时产生。公司要做的就是端正自己的态度，并将没有上交的应交税费补齐，在后面的经营过程中按时按量缴纳水费，重新建立良好的公司形象。

读 者 意 见 反 馈 表

亲爱的读者：

感谢您对中国铁道出版社的支持，您的建议是我们不断改进工作的信息来源，您的需求是我们不断开拓创新的基础。为了更好地服务读者，出版更多的精品图书，希望您能在百忙之中抽出时间填写这份意见反馈表发给我们。随书纸制表格请在填好后剪下寄到：北京市西城区右安门西街8号中国铁道出版社综合编辑部 张亚慧 收（邮编：100054）。或者采用传真（010-63549458）方式发送。此外，读者也可以直接通过电子邮件把意见反馈给我们，E-mail地址是：lampard@vip.163.com。我们将选出意见中肯的热心读者，赠送本社的其他图书作为奖励。同时，我们将充分考虑您的意见和建议，并尽可能地给您满意的答复。谢谢！

所购书名：_____

个人资料：

姓名：_____ 性别：_____ 年龄：_____ 文化程度：_____

职业：_____ 电话：_____ E-mail：_____

通信地址：_____ 邮编：_____

您是如何得知本书的：

□书店宣传 □网络宣传 □展会促销 □出版社图书目录 □老师指定 □杂志、报纸等的介绍 □别人推荐
□其他（请指明）_____

您从何处得到本书的：

□书店 □邮购 □商场、超市等卖场 □图书销售的网站 □培训学校 □其他

影响您购买本书的因素（可多选）：

□内容实用 □价格合理 □装帧设计精美 □优惠促销 □书评广告 □出版社知名度
□作者名气 □工作、生活和学习的需要 □其他

您对本书封面设计的满意程度：

□很满意 □比较满意 □一般 □不满意 □改进建议

您对本书的总体满意程度：

从文字的角度 □很满意 □比较满意 □一般 □不满意
从技术的角度 □很满意 □比较满意 □一般 □不满意

您希望书中图的比例是多少：

□少量的图片辅以大量的文字 □图文比例相当 □大量的图片辅以少量的文字

您希望本书的定价是多少：

本书最令您满意的是：

1.
2.

您在使用本书时遇到哪些困难：

1.
2.

您希望本书在哪些方面进行改进：

1.
2.

您需要购买哪些方面的图书？对我社现有图书有什么好的建议？

您更喜欢阅读哪些类型和层次的经管类书籍（可多选）？

□入门类 □精通类 □综合类 □问答类 □图解类 □查询手册类

您在学习计算机的过程中有什么困难？

您的其他要求：